Slowenien

Martin Amode

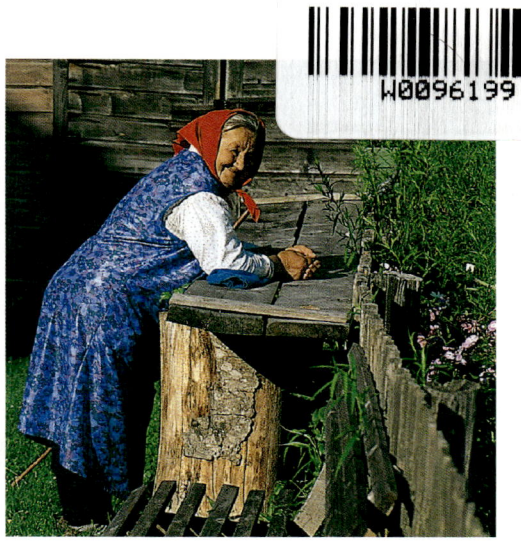

Polyglott-Verlag München

Langenscheidt Mini-Dolmetscher

Allgemeines

Guten Morgen.	Dobro jutro. [dobro jutro]
Guten Tag.	Dober dan. [dobǝr dan]
Guten Abend.	Dober večer. [dobǝr wätscher]
Gute Nacht.	Lahko noč. [lachko notsch]
Hallo!	Zdravo! [sdrawo]
Wie geht's?	Kako gre? [kako gre]
Danke, gut.	Hvala, dobro. [chwala dobro]
Ich heiße ...	Ime mi je ... [ime mi jä]
Auf Wiedersehen.	Nasvidenje. [naßwidenjä]
Morgen	jutro [jutro]
Vormittag	dopoldan [dopoudan]
Nachmittag	popoldan [popoudan]
Abend	večer [wätscher]
Nacht	noč [notsch]
morgen	jutri [jutri]
heute	danes [danes]
gestern	včeraj [wtscheraj]
Sprechen Sie Deutsch / Englisch?	Ali govorite nemško / angleško? [ali goworite nemschko / angleschko]
Wie bitte?	Kako, prosim? [kako proßim]
Ich verstehe nicht.	Ne razumem. [nä rasumäm]
Sagen Sie es bitte nochmals.	Prosim recite še enkrat. [proßim retzite sche enkrat]
..., bitte	..., prosim [proßim]
Danke	Hvala [chwala]
Keine Ursache.	Ni za kaj. [ni sa kaj]
was / wer / welcher	kaj / kdo / kakšen [kaj / kto / kakschen]
wo / wohin	kje / kam [kje / kam]
wie / wieviel	kako / koliko [kako / koliko]
wann / wie lange	kdaj / kako dolgo [ktaj / kako dougo]
Wie heißt das?	Kako se to reče po slovensko? [kako ße to retsche po slowensko]
Wo ist ...?	Kje je ...? [kje jä]
Können Sie mir helfen?	Ali mi lahko pomagate? [ali mi lachko pomagatä]
ja	da [da]
nein	ne [nä]
Entschuldigen Sie!	Oprostite! [oprostitä]
Das macht nichts.	Ni za kaj. [ni sa kaj]

Sightseeing

Gibt es hier eine Touristeninformation?	Je tukaj turistično informacijski biro? [jä tukaj turistitschno informatzijski biro]
Haben Sie einen Stadtplan / ein Hotelverzeichnis?	Ali imate načrt mesta / seznam hotelov? [ali imatä natschǝrt mästa / ßäsnam chotälou]
Wann ist ... geöffnet / geschlossen?	Kdaj je ... odprto / zaprto? [ktaj jä ... otpǝrto / zapǝrto]
das Museum / die Kirche / das Schloß / die Ausstellung	muzej / cerkev / grad / razstava [musäj / zerkeu / grad / rastawa]

Shopping

Wo gibt es ...?	Kje se dobi ...? [kje ße dobi]
Wieviel kostet das?	Koliko to stane? [koliko to stanä]
Das ist zu teuer.	To je predrago. [to jä prädrago]
Das gefällt mir (nicht).	To mi je (ni) všec. [to mi jä (ni) uschetz]
Gibt es das in einer anderen Farbe / Größe?	Se to dobi v eni drugi barvi / velikosti? [ße to dobi w eni drugi barwi / welikosti]
Ich nehme es.	Tobom vzel (m.)/vzela (w.). [to bom useu / usela]
Wo ist eine Bank / Wechselstube?	Kje je kakšna banka / menjalnica? [kje jä kakschna banka / mänjalnitza]
Geben Sie mir 100 g Käse / zwei Kilo Orangen.	Dajte mi deset dek sira / dve kili pomaranč. [dajtä mi deßet dek sira / dwe kili pomarantsch]
Haben Sie deutsche Zeitungen?	Ali imate nemške časopise? [ali imatä nemschke tschaßopiße]
Wo kann ich telefonieren / eine Telefonkarte kaufen?	Kje lahko telefoniram / kupim telefonsko kartico? [kje lachko tälefoniram / kupim tälefonsko kartitzo]

Notfälle

Ich brauche einen Arzt / Zahnarzt.	Rabim zdravnika / zobozdravnika. [rabim änega straunika / sobostraunika]

Rufen Sie bitte einen Kranken- wagen / die Polizei.	Pokličite, prosim, rešilni avto / policijo. [poklitschitá **proß**im räs**chil**ni **au**to / poli**tzi**jo]
Wir hatten einen Unfall.	Imeli smo prometno nes- rečo. [i**me**li ßmo pro**mä**tno näs**ret**scho]
Wo ist das nächste Polizeirevier?	Kje je naslednja policijska postaja? [kje jä na**ß**lednja poli**tzij**ska po**sta**ja]
Ich bin bestoh- len worden.	Okradli so me. [o**krad**li ßo mä]
Mein Auto ist aufgebrochen worden.	Vdrli so v moj avto. [u**dər**li so u moj **au**to]

Essen und Trinken

Die Speise- karte, bitte!	Jedilni list, prosim! [jä**dil**ni list pro**ß**im]
Brot	kruh [kruch]
Kaffee	kava [**ka**wa]
Tee	čaj [tschaj]
mit Milch / mit Zucker	z mlekom / s sladkorjem [s **mle**kom / **ß**latkorjem]
Orangensaft	pomarančni sok [poma**rantsch**ni sok]
Mehr Kaffee, bitte.	Prosim malo več kave. [**pro**ßim **ma**lo wätsch **ka**we]
Suppe	juha [**ju**cha]
Fisch	riba [**ri**ba]
Meeresfrüchte	morski sadeži [**mor**ski ßa**de**schi]
Fleisch / Geflügel	meso / perutnina [**mä**ßo / pä**rut**nina]
Beilage	priloga [pri**lo**ga]
vegetarische Gerichte	vegetarijanski jedi [vegetari**jan**ski **jä**di]
Eier	jajca [**jaj**tza]
Salat	solata [ßo**la**ta]
Dessert	sladica [ßla**di**tza]
Obst	sadje [**ß**adjä]
Eis	sladoled [ßla**do**let]
Wein	vino [**wi**no]
weiß / rot / rosé	belo / črno / rose [**bä**lo / **tschər**no / **ro**se]
Bier	pivo [**pi**wo]
Aperitif	aperitiv [apä**ri**tiu]
Wasser	voda [**wo**da]
Mineralwasser	mineralna voda [mine**ral**na **wo**da]
mit / ohne Kohlensäure	z ogljikovo kislino / brez ogljikove kisline [s oglji**ko**wo ki**ß**lino / bräs oglji**kö** ki**ß**linä]
Limonade	limonada [limo**na**da]
Frühstück	zajrtk [**saj**tərk]
Mittagessen	kosilo [ko**ß**ilo]

Abendessen	večerja [wä**tscher**ja]
eine Kleinigkeit	malenkost [**ma**lenkost]
Ich möchte bezahlen!	Plačam, prosim! [**plat**scham pro**ß**im]
Es war sehr gut.	Hrana je bila odlična. [**chra**na jä **bi**la od**litsch**na]
Es war nicht so gut.	Ni bilo tako dobro. [ni **bi**lo **ta**ko **do**bro]

Im Hotel

Ich suche ein gutes / nicht zu teures Hotel.	Iščem dobri ne predragi hotel. [**isch**tschäm nä **do**bri pre**dra**gi cho**täl**]
Ich habe ein Zimmer reserviert.	Imam rezervirano sobo. [i**mam** räsär**wi**rano **ß**obo]
Ich suche ein Zimmer für ... Personen.	Iščem sobo za ... oseb. [**isch**tschem **ß**obo sa ... o**ß**eb]
Mit Dusche und Toilette.	S tušem in straniščem (WC). [s **tu**schom in stra**nischt**schäm]
Mit Balkon / mit Blick auf die Berge / mit Blick aufs Meer.	Z balkonom / s pogledom na gore / s pogledom na morje. [s bal**ko**nom / s po**glä**dom na go**rä** / s po**glä**dom na **mor**jä]
Wieviel kostet das Zimmer pro Nacht?	Koliko stane soba na noč? [**ko**liko **sta**ne **ß**oba na notsch]
Mit Frühstück?	Z zajtrkom? [s **saj**tərkom]
Kann ich das Zimmer sehen?	Ali sobo lahko pogledam? [ali **ß**obo **lah**ko po**glä**dam]
Haben Sie ein anderes Zimmer?	Ali imate drugo sobo? [ali i**mat**ä **dru**go **ß**obo]
Das Zimmer gefällt mir (nicht).	Soba mi (ni) všec. [**ß**oba mi (ni) **us**chetz]
Kann ich mit Kreditkarte bezahlen?	Lahko plačam s kreditno kartico? [**lah**ko **plat**scham s kre- **dit**no kar**ti**tzo]
Wo kann ich parken?	Kje se lahko kopam? [kje ße **lah**ko **ko**pam]
Können Sie das Gepäck in mein Zimmer bringen?	Lahko prinesete mojo prt- ljago v mojo sobo? [**lah**ko pri**ne**ßetä **mo**jo pərt**lja**go w **mo**jo **ß**obo]
Haben Sie einen Platz für ein Zelt / einen Wohnwagen?	Imate kakšen prostor za šotor / kamp prikolico? [i**mat**e **kak**schen **pro**stor sa **scho**tor / kamp priko**li**tzo]
Wir brauchen Strom / Wasser.	Rabimo elektriko / vodo. [**ra**bimo e**läk**triko / **wo**do]

Allgemeines

Editorial . . . . S. 7

Südliches Land zwischen Alpen und Meer . . . . S. 8

Geschichte im Überblick . . . . S. 14

Kultur gestern und heute . . . . S. 16

Essen und Trinken . . . . S. 21

Urlaub aktiv . . . . S. 23

Unterkunft . . . . S. 26

Reisewege und Verkehrsmittel . . . . S. 27

Praktische Hinweise von A–Z . . . . S. 92

Register . . . . S. 95

Bildnachweis . . . . S. 96

Städte und Triglav-Nationalpark

Ljubljana – Licht und Luft des Südens   S. 29

Barock, Gründerzeit und Jugendstil – eine charmante Stadt zum Bummeln, in der sich altösterreichische Urbanität und slowenische Ländlichkeit vermischen.

Maribor – Zwischen Weinbergen und Wäldern   S. 37

Panorama einer mittelalterlichen Stadt am Fluß: Wo einst Flößer und Schiffer ihre Waren an Land brachten, trifft sich in Cafés und Gaststätten jung und alt.

Der Triglav-Nationalpark – Zlatorogs Paradies   S. 41

Die Julischen Alpen, das Kronjuwel des an Naturschönheiten reichen Slowenien, bieten Erholung, Sport und das Erlebnis einer großartigen Hochgebirgswelt.

Route 1

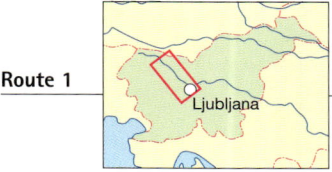

Von den Karawanken nach Ljubljana   S. 46

Auf der Fahrt zur Hauptstadt Sloweniens sollte man den Besuch der Alpenseen von Bled und Bohinj nicht versäumen.

Route 2

Durch den Karst zur Adria   S. 54

Der Weg zur überwältigenden Unterwelt der Schauhöhlen von Postojna und Škocjan geht von Ljubljana aus nach Südwesten, er führt dann zur Küste weiter.

Route 3

Von den Alpen zur Adria   S. 59

Ein Hochgebirgsspaß, von den Gipfeln der Julier umstanden, ein romantisches Tal, das immer südlicher wird, die venezianischen Küstenstädte Koper, Izola, Piran.

Route 4

Der Osten: Von der Drau zur Save   S. 72

Vom Weinland der Windischen Büheln geht es ins Hopfenland von Celje, dann locken Abstecher ins nördliche Hochgebirge. Ziel ist die Hauptstadt Ljubljana.

Route 5

Die Slowenische Weinstraße   S. 78

Eine Rundfahrt für Genießer: An den Hügeln der Slovenske gorice stehen Winzerdörfer mit Weinschenken, und weiter im Osten öffnet sich die Ebene nach Ungarn.

Route 6

Durchs Unterland in die Untersteiermark   S. 84

Von der Hauptstadt Ljubljana durch das liebliche Tal der Krka in den Osten, vorbei an Burgen, Klöstern und Bädern.

Editorial

Am Prešerenplatz der Hauptstadt Ljubljana trifft sich die Jugend

„Freunde, ein süßes Weinderl haben uns die Reben geschenkt" – so beginnt die Nationalhymne der Slowenen. Das 1844 entstandene „Trinklied" des größten slowenischen Dichters, France Prešeren, läßt den einheimischen Wein, die slawischen Brüder, die schönen Mädchen hochleben und preist den Tag, an dem der feindliche Nachbar sich zum Freund wandeln wird. Das Lied wurde schon vor der Selbständigkeit der Republik gern gesungen, und heute erst recht, nicht nur bei staatsoffiziellen Anlässen. Denn, so das Sprichwort, wo drei Slowenen beim Wein beisammen sitzen, fängt einer an zu singen, die andern stimmen ein.

Von den Alpengipfeln und den kirchenbekrönten Hügeln ...

Wer heute nach Slowenien reist, kommt in ein sicheres Land, weitab von Regionen des ehemaligen Jugoslawien, die noch immer unter den Folgen des Bürgerkriegs leiden. Es ist ein Land der Berge, der unzähligen Kirchen auf von Weinreben bewachsenen Hügeln, dessen Bewohner es verstehen, Arbeit und Lebensfreude miteinander zu verbinden. Es liegt „auf der Sonnenseite der Alpen", ein schon von südlichem Licht überglänzter Teil Mitteleuropas, und das nahe Mittelmeer, an dem Slowenien mit einem kleinen Uferstreifen teilhat, läßt sich schon weit oben in den Bergtälern erahnen. Seine wild zerklüfteten Kalkgipfel, seine sanften Rebhügel, seine Städte, die ihren altösterreichischen Charme und mediterranen Zauber bewahrt haben, sind lohnende Ziele für Urlauber, die noch eine richtige Sommerfrische, nicht überlaufene Klettersteige und Skipisten suchen, die auf alten Burgen und mittelalterlichen Marktplätzen der bewegten Geschichte Europas nachspüren wollen, und die in gotischen und barocken Kirchen bewundernd vor Fresken und Schnitzaltären stehen.

... ist es nicht weit zur Adria

Der Autor

Martin Amode veröffentlichte Reisebücher und Reportagen über Südosteuropa und die Türkei. Er war von 1970 bis 1995 als Redakteur im Polyglott-Verlag tätig und lebt heute als freier Autor in München und auf der Insel Krk.

Südliches Land zwischen Alpen und Meer

Wer aus dem österreichischen Kärnten ins slowenische Oberland kommt, das auf deutsch Oberkrain heißt, merkt kaum, dass er eine Grenze überschritten hat. Die Bauernhäuser sehen gar nicht so anders aus als die drüben in Kärnten und die Bauern, die am Sonntag ins Dorfwirtshaus ziehen, tragen die gleichen Hüte wie ihre Standesgenossen zwischen dem Allgäu und der Steiermark. Das Südliche an Slowenien wird erst allmählich spürbar.

Vieles erinnert hier noch an Österreich: die alten Häuser in den kleinen Städten wie Kranj und Škofja Loka in der Region Oberkrain, die einst Krainburg und Bischoflack hießen, oder in der Untersteiermark in Ptuj, Maribor und Celje, früher Pettau, Marburg und Cilli. Und natürlich ist Altösterreich auch noch in der Hauptstadt Ljubljana gegenwärtig, das als Laibach Verwaltungssitz des habsburgischen Herzogtums Krain war.

Auf dem Land kommt man an barocken Kirchen und Schlössern vorbei und auch das Angebot in den Gasthäusern weist mit den üppigen Fleischgerichten und den vielen Mehlspeisen auf österreichisch-ungarische Wurzeln hin.

Wie ein alter Anstrich scheinen die kaiserlich-königlichen Farben Schwarz-Gelb über dem Land zwischen Meer und Mur zu liegen, an einigen Stellen immer noch gut erhalten, an anderen schon etwas abgeblättert. Hier kommt dann das Slawisch-Bäuerliche zum Vorschein, das trotz über ein Jahrtausend währender Fremdherrschaft und trotz Industrialisierung und Modernität für das Land bestimmend geblieben ist.

Die slowenische Nation

Wer sich in Slowenien näher umsieht, erkennt bald, dass es aus drei verschiedenen Landschaften besteht und dass seine Bewohner drei verschiedenen Kulturbereichen angehören, nämlich dem alpinen, dem mediterranen und dem pannonischen. Die gemeinsame Sprache und das gemeinsame geschichtliche Schicksal haben jedoch die Slowenen zu einer Nation vereinigt, obwohl es Slowenien erst seit 1918 gibt. Es wurde nach dem Zerfall der österreichisch-ungarischen Monarchie am Ende des Ersten Weltkriegs aus dem Kronland Krain, der Untersteiermark und dem Kärntner Miestal gebildet und in das neue Königreich der Serben, Kroaten und Slowenen (Kraljevina SHS, später Jugoslawien) eingegliedert. Nach dem Zweiten Weltkrieg kamen vorwiegend von Slowenen bewohnte italienische Landstriche dazu.

Geographische Lage

Die kleine Republik Slowenien dehnt sich von den Alpen bis zur Adria aus, vom Karst bis Pannonien. Mit 20 251 km² ist sie annähernd so groß wie Sachsen und fast halb so groß wie die Schweiz. Im Westen grenzt sie an Italien, im Norden an die österreichischen Bundesländer Kärnten, Steiermark und Burgenland, im Osten an Ungarn und Kroatien, das auch im Süden bis zur Adria hin Sloweniens Nachbar ist. Zwischen Triest und der Mündung des Flüsschens Dragonja hat das Land einen 46 km langen Zugang zum Meer.

Landschaften

Mit Hochgebirge, Bergwäldern, baumbestandenen Hügeln, fruchtbaren Ebenen und verkarsteten Höhenzügen gehen in Slowenien die Alpen in die Mittelmeerwelt und in die Ebenen Pannoniens über. Entsprechend vielfältig und abwechslungsreich sind hier die Landschaften. Die hochalpine Region Gorenjska (Oberkrain) im Nordwesten wird von den steilen Ketten der Karawanken gegen Kärnten hin abgeschlossen, ihr höchster Gipfel ist der 2237 m hohe Stol (Hochstuhl). Ihnen vorgelagert sind im Süden die Steiner Alpen (Kamniške Alpe) und die Sanntaler Alpen (Savinjske Alpe) mit dem Grintavec (2558 m). Zu den südlichen Kalkalpen gehören auch die Julischen Alpen im Westen Oberkrains. Ihre wildzerklüfteten Gipfel werden vom 2863 m hohen Triglav überragt, sie setzen sich im italienischen Friaul fort.

Weiter südlich gehen die Julischen Alpen in die Karstlandschaft Notranjska (Innerkrain) über, die aus einsamen Höhenzügen und Plateaus besteht, mit Wäldern, versickernden Flüssen und zahlreichen Höhlen. Ganz im Südwesten, am Nordrand der Halbinsel Istrien, liegt an der Adria das Primorje (auch Primorska), das slowenische Küstenland. Gleich südöstlich des Beckens von Ljubljana beginnt das fruchtbare und dicht besiedelte Hügelland Dolenjska (Unterkrain) mit der kargeren Suha Krajina (Trockene Mark) und der sanft hügeligen Bela Krajina (Weiße Mark). Es grenzt an Kroatien und ist reich an Wäldern, Feldern und Rebhügeln.

Im Südteil des Triglav-Nationalparks liegt der See von Bohinj

Eine anmutige Region ist Štajerska, die Untersteiermark, im Osten, unter den Alpenausläufern Kozjak (Possruck) und Slovenske gorice (Windische Büheln). An der Grenze zu Kärnten liegt Koroška, das slowenische Kärnten (Miestal), und an der ungarischen Grenze das Prekmurje, das Land jenseits der Mur, wo die Pannonische Ebene beginnt. Die östlichen Landschaften sind reich an Mineralquellen.

Flüsse

Unter den größeren Flüssen steht an erster Stelle die Save (Sava), die in den Julischen Alpen entspringt und in Belgrad in die Donau mündet. Aus Südti-

In Portorož kann man unter Palmen Espresso schlürfen

rol und Kärnten kommt die Drau (Drava), sie fließt wie der steirische Fluss Mur (Mura), die Sann (Savinja) und die Gurk (Krka) der Save und damit der Donau zu. Der Adria entgegen eilt der wilde Isonzo (Soča) aus den westlichen Julischen Alpen.

Ideales Reiseland

In allen vier Jahreszeiten hat Slowenien Touristen etwas zu bieten: Der Winter gehört den Skifahrern, im Frühjahr und Herbst lässt es sich gut wandern (in den Bergen vor allem in den Monaten Mai und September) und im Sommer, der meist von Anfang Juni bis Ende Oktober dauert, laden die Seen und der schmale Küstenstreifen zum Baden ein.

Klima

Mitteleuropäisch-alpin ist das Klima in den Bergen und im zentralen Slowenien, wobei die Julischen Alpen besonders reich an Niederschlägen, also an Regen und Schnee sind. Das kontinentale Klima mit heißen Sommern und strengen Wintern beeinflusst den Osten des Landes, während Karst und Küstenland vom mediterranen Einfluss mit trockenen Sommern und milden Wintern beherrscht werden.

Natur

Die Pflanzen- und Tierwelt Sloweniens unterscheiden sich nur gering von der der Nachbarländer. Die Alpenhänge hinauf klettern Wälder aus Fichten, Tannen, Lärchen, Buchen und anderen Laubbäumen, im milderen Osten stehen die Wälder vorwiegend aus Hainbuchen, Eichen und Edelkastanien. Flora und Fauna des Karsts und des Küstenlands haben teilweise schon mittelmeerischen Charakter. In den Bergwäldern leben Hirsche, Hasel- und Auerhühner, weiter oben trifft man Rudel von Gemsen und Steinböcken. Die

Tierwelt der Niederungen besteht aus Rehen, Hasen, Wildschweinen, Rebhühnern und anderen Wildvögeln, dazu kommt die ganze Kleintier- und Vogelwelt Mitteleuropas. Bären kann man zuweilen in den ausgedehnten Wäldern begegnen. Charakteristisch für die Ebenen des Ostens sind die vielen Störche, die vor allem auf den Schornsteinen der Häuser ihre Nester bauen. Gebirgsbäche und Seen sind meist noch reich an Fischen, besonders an Forellen.

Umweltprobleme

Berge, Wälder, Täler, Flüsse und Seen Sloweniens scheinen auf den ersten Blick frei von den negativen Auswirkungen menschlichen Umgangs mit der Natur. Doch wie in jeder anderen industrialisierten Region gibt es auch hier erhebliche Probleme.

Rauch aus den Schornsteinen der Industrie und aus den Heizungen mit stark schwefelhaltiger Kohle sowie in erster Linie der motorisierte Verkehr haben auch in Slowenien zu starker Luftverschmutzung und Smog in den Städten geführt. Abwässer von Indus-

Aussprache des Slowenischen

c	wie z in Zeit
č	wie tsch in Tschako
h	wie ch in ach
l	wie l in lila, vor Mitlauten und im Wortauslaut wie u: Solčava [Soutschawa] Stol [Stou]
r	oft auch Selbstlaut zwischen Mitlauten: trg
s	wie ß in Maß
š	wie sch in schön
v	wie w in Wort, vor Mitlauten und im Wortauslaut wie u: Radovljica [Radouljitza], Triglav [Triglau]
z	wie s in Rose
ž	wie g in Genie

trie und Haushalten, dazu Agrargifte wie Rückstände von Pestiziden, Phosphate von Düngemitteln und Gülle von Massentierhaltung gefährden in einigen Gegenden das Trinkwasser und haben zu Fischsterben in der Save geführt. Verunreinigtes Wasser hat man auch schon in Seen festgestellt, so im Bohinjsko jezero und im Karstsee von Cerkno, der See von Bled hingegen konnte sich bisher gut halten. Die Unterläufe der größeren Flüsse sind bereits stark verunreinigt, besonders die aus der Steiermark kommende Mur, die Save und die Savinja. Nur der hygienische Zustand des Meerwassers an der slowenischen Adriaküste ist noch immer gut bis sehr gut, eine Ausnahme ist die Mündung der Rižana vor der Hafenstadt Koper.

Auch das Waldsterben hat vor Slowenien nicht Halt gemacht: Etwa 44 % der Wälder sind mehr oder weniger davon betroffen. Die stärksten Schäden treten in der Umgebung der industriellen Ballungsräume wie Celje, Kranj, Jesenice und Slovenj Gradec auf.

In den letzten Jahren wurde begonnen, Maßnahmen gegen die immer stärker auftretenden Umweltschäden zu ergreifen. So hat man Heizkraftwerke mit Filtern ausgestattet und die Städte werden vermehrt mit umweltfreundlichem Erdgas und mit Fernheizungen versorgt. Allerdings finden diese von oben verordneten Maßnahmen in der Bevölkerung wenig Unterstützung: Das Umweltbewusstsein vieler Slowenen ist noch nicht sehr ausgeprägt.

Bevölkerung und Sprache

Die Republik Slowenien hat rund zwei Millionen Einwohner. Im Vergleich zu den anderen Staaten des ehemaligen Jugoslawien hat das Land die wenigsten Minderheiten und damit die geringsten ethnischen Probleme. An der Adriaküste lebt eine kleine italienische Bevölkerungsgruppe, im Murgebiet eine ungarische. Etwa 200 000 Kroaten, Serben, Bosnier und Albaner sind vor

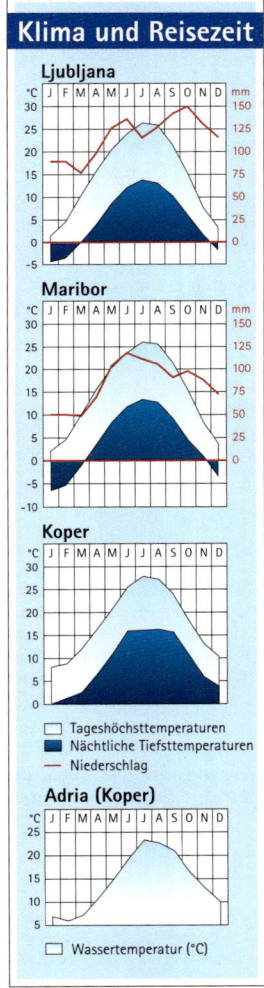

Klima und Reisezeit

Ljubljana

Maribor

Koper

☐ Tageshöchsttemperaturen
■ Nächtliche Tiefsttemperaturen
— Niederschlag

Adria (Koper)

☐ Wassertemperatur (°C)

Fischreich sind Bäche und Seen

der Unabhängigkeit zum Teil als Gastarbeiter zugezogen und viele bosnische Flüchtlinge haben in Slowenien Zuflucht gesucht. Slowenische Minderheiten leben in den Nachbarländern: im Süden Kärntens und der Steiermark, in Westungarn und in der norditalienischen Region Friaul-Julisch Venetien.

Außer den Sprachen der Minderheiten, vor allem Italienisch und Ungarisch, wird in Slowenien das zum südlichen Zweig der slawischen Sprachfamilie gehörende Slowenisch gesprochen. Wegen der Vielfalt der Landschaften und Lebensräume ist es in viele Dialekte zersplittert, Wissenschaftler sprechen von 46 Dialekten, die sie in sieben Gruppen eingeteilt haben. Die Schriftsprache ist aus Unterkrainer und Oberkrainer Dialekten entstanden.

In den Fremdenverkehrsorten wird überall Deutsch verstanden, das neben Englisch und Italienisch die gebräuchlichste Fremdsprache ist.

Wirtschaft

Auf dem Boden des heutigen Sloweniens lebten die Menschen seit jeher als Hirten und Ackerbauern. In illyrisch-keltischer Zeit entdeckte man, dass die Böden reich an Eisenerz waren. Immer mehr Menschen widmeten sich der Förderung und Verarbeitung dieses Metalls, das zu einem bedeutenden Handelsgut wurde. Wichtige Handelswege durchquerten das Land, das in der Römerzeit eine hohe Blüte erlebte. Im Mittelalter wurden in den Gruben, Schmelzen, Schmieden und Hammerwerken die Grundlagen für die frühe Industrialisierung gelegt. Heute ist Slowenien längst kein ausschließliches Agrarland mehr.

Die landwirtschaftliche Nutzfläche des vorwiegend gebirgigen Landes besteht vor allem aus Wiesen und Weiden, die Viehwirtschaft steht an erster Stelle. In den fruchtbaren Ebenen und Tälern werden Weizen, Mais, Buchweizen und Kartoffeln gepflanzt, der Obstbau hat hohes Niveau, im milden Osten gedeihen Weinreben und Hopfen.

Die reichen Bodenschätze (Eisen, Blei, Zink, Kupfer, Quecksilber, Bauxit), die reichlich vorhandene Wasserkraft und der hohe Ausbildungsstand der Bevölkerung haben Slowenien zu einem industrialisierten Land gemacht. Maschinenbau, Metallverarbeitung, Tex-

Keine Schlagzeilen um Slowenien

Seit dem Abzug der jugoslawischen Bundesarmee ist es um das seit 1991 unabhängige Slowenien ruhig geworden. Die zweiten freien Wahlen von 1992 haben einen Regierungswechsel gebracht, der Christdemokrat Lojze Peterle musste dem Liberaldemokraten Janez Drnovšek weichen und nach den dritten Wahlen im November 1996 tat sich der Liberalenchef schwer eine tragfähige Koalition auf die Beine zu stellen, es gelang ihm erst im Februar 1997. Keine Katastrophen, keine Sensationen, die neue Republik südlich der Alpen ist also längst aus den Schlagzeilen geraten.

In der Außenpolitik scheinen sich offene Fragen einer Lösung zu nähern, sogar Strittiges aus der heiklen Erbschaft der untergegangenen jugoslawischen Föderation. Da sind noch die Grenzziehung mit dem Nachbarn Kroatien in der Küstenregion, dazu Eigentumsfragen und vor allem die Frage nach dem Anteil von Schulden und Guthaben der Belgrader Bundeskasse. Seit der Einigung über die Rechte der nach 1945 geflohenen Italiener hat Rom seinen Widerstand gegen das heiß ersehnte Ziel der Regierung in Ljubljana aufgegeben: Slowenien ist jetzt assoziiertes Mitglied der Europäischen Union.

tilbetriebe, Holzverarbeitung, die Produktion von Haushalts- und Elektrogeräten sowie Chemieerzeugnisse sind die wichtigsten wirtschaftlichen Bereiche, die zusammen 56 % des gesamten Bruttoinlandsprodukts erwirtschaften.

Der Bürgerkrieg im ehemaligen Jugoslawien hat der slowenischen Wirtschaft schwere Schäden zugefügt, weil der Handel mit den anderen jugoslawischen Republiken fast gänzlich zusammengebrochen ist. Es gilt nun die ausgefallenen Märkte für die Industrie durch neue, vor allem in Mitteleuropa, zu ersetzen. Die wichtigsten Handelspartner sind Deutschland, Österreich und Italien.

Slowenien war schon vor der Unabhängigkeit die wirtschaftlich fortschrittlichste Republik Jugoslawiens. Das durchschnittliche Einkommen der Slowenen liegt weit über den Löhnen in den anderen Reformstaaten Mittel- und Osteuropas, es ist höher als das Griechenlands und Portugals. Der Umbau der Wirtschaft auf marktwirtschaftlichen Grundlagen hat jedoch zu sozialen Problemen und zu einer hohen Arbeitslosigkeitsrate (13 %) geführt.

Staat und Politik

Nach der Verfassung vom 23. Dezember 1991 ist die Republik Slowenien (Republika Slovenija) eine demokratische Republik und ein Rechts- und Sozialstaat. Gesetzgebendes Organ ist das Staatsversammlung *(Državni zbor)* genannte Parlament mit 90 Abgeordneten, in dem derzeit sieben Parteien vertreten sind. Eine beratende Funktion hat der Staatsrat *(Državni svet)* mit 40 Mitgliedern. Das Staatsoberhaupt ist der Präsident der Republik, seit 1990 Milan Kučan (geb. 1941). Die Regierung wird von der Staatsversammlung gewählt. Das Staatswappen zeigt den stilisierten Berg Triglav, zwei Wellenlinien als Symbol der Adriaküste, darüber die drei Sterne aus dem Wappen der Grafen von Cilli (Celje) für die östlichen Landesregionen.

Steckbrief

Fläche: 20 251 km²

Bevölkerung: (1993) 1 987 000

Bevölkerungsdichte:
98,3 Einw./km²

Bruttoinlandsprodukt:
(1998) 9653 US-$/Kopf
(zum Vergleich BRD:
22 884 US-$)

Die größten Städte:

Ljubljana	280 000 Einw.
Maribor	104 000 Einw.
Celje	40 000 Einw.
Kranj	36 800 Einw.
Velenje	27 100 Einw.
Koper	24 700 Einw.
Novo Mesto	22 000 Einw.

Städtische Bevölkerung:
(1991) 50,5 %

Überall in den Bergen Sloweniens wird Almwirtschaft betrieben

Reiches Angebot auf dem zentralen Markt in Ljubljana

Geschichte im Überblick

Slowenien war schon in der Altsteinzeit besiedelt. Aus der Bronzezeit stammen die Reste von Pfahlbausiedlungen, die man im Moor südöstlich von Ljubljana gefunden hat.

Um 1200 v. Chr. Aus Mitteleuropa wandern Stämme des indoeuropäischen Volks der Illyrer ein, sie errichten befestigte Siedlungen auf Hügeln und Bergen.

3. Jh. v. Chr. Die keltischen Noriker stoßen über den Alpenraum bis zum Balkan vor, sie vermischen sich mit den ansässigen Illyrern.

1. Jh. v. Chr. Das Königreich Noricum steigt durch Eisenförderung in den Ostalpen und Handel mit Italien und dem Balkan zu einer bedeutenden Macht auf.

16 v. Chr. Unter Augustus erobern die Römer das Gebiet des heutigen Slowenien, es wird in die Provinzen Noricum und Pannonien eingegliedert. Die illyrisch-keltische Bevölkerung wird romanisiert.

624 Der südslawische Stamm der Slowenen breitet sich vom Plattensee bis Friaul und bis Oberösterreich aus. Das slowenische Fürstentum Karantanien wird von Baiern christianisiert.

788 Karl der Große erobert Karantanien und verleibt es dem Herzogtum Baiern ein; die Bevölkerung wird von bairischen Kolonisten germanisiert. Im Süden können die Slowenen jedoch ihre Sprache erhalten.

973 Kaiser Otto II. errichtet gegen die Ungarn die Mark Krain.

11. bis 13. Jh. Baierische weltliche und geistliche Fürsten teilen sich das slowenische Gebiet: die Grafen von Andechs-Meranien, die Bischöfe von Freising, Salzburg und Brixen, die Patriarchen von Aquileia.

1282 Die Habsburger erlangen die erbliche deutsche Königswürde, ihre Hausmacht sind die Herzogtümer Österreich und Steiermark. Die slowenischen Länder fallen an Habsburg.

1408 Türkische Streifscharen stoßen erstmals nach Krain vor. Bis ins 16. Jh. hinein werden slowenische Städte und Dörfer geplündert und gebrandschatzt.

1515–1635 Bauernaufstände in der Untersteiermark und in Krain.

1522 Die Reformation erreicht die Slowenen, durch Bibelübersetzungen entsteht die slowenische Schriftsprache. Die Gegenreformation betreibt erfolgreich die Rekatholisierung.

1808–1814 Unter Napoleon gehört Krain mit Teilen Kärntens, Triest, Istrien und Dalmatien zu den Illyrischen Provinzen. 1815 kommt es zum österreichischen Kaiserreich.

1848 Im europäischen Revolutionsjahr streben die Slowenen die Vereinigung der von ihnen bewohnten österreichischen Kronländer (Grafschaft Görz und Gradisca, Herzogtum Krain und Südteil des Herzogtums Steiermark) an.

1915–1917 Nach dem Eintritt Italiens in den Ersten Weltkrieg (1914 bis 1918) fordern zwölf Schlachten im Tal des Isonzo (Soča) und in den Bergen über eine Million Tote auf österreichisch-deutscher und italienischer Seite.

1918 Die österreichisch-ungarische Monarchie bricht zusammen. Slowenien vereinigt sich mit Kroatien, Serbien und Montenegro zum Königreich der Serben, Kroaten und Slowenen (SHS).

1920 Im Vertrag von Rapallo fällt das westliche Innerkrain an Italien. Die von Slowenen bewohnten Gebiete Kärntens bleiben bei Österreich.

1929 König Alexander aus der serbischen Dynastie Karadjordjević errichtet eine Diktatur und proklamiert das Königreich Jugoslawien.

1941 Nach dem Einmarsch deutscher, italienischer und ungarischer Truppen wird der jugoslawische Staat zerschlagen. Oberkrain und die Untersteiermark kommen zum „Großdeutschen Reich", Unterkrain mit Ljubljana zu Italien, das Murgebiet zu Ungarn. Bürgerliche Slowenen und Kommunisten verbünden sich gegen die Besatzer, gegen die ein erbitterter Partisanenkrieg geführt wird.

1945 Nach der Niederlage Deutschlands und dem Sieg der Volksbefreiungsarmee wird Slowenien als Sozialistische Republik wieder Bestandteil Jugoslawiens. 1947 muss Italien das Sočatal und Istrien abtreten, es entsteht ein Streit um Triest, das schließlich 1954 zu Italien zurückkehrt.

1980 Nach dem Tod des Gründers des neuen Jugoslawien, des Partisanen-Marschalls Josip Broz-Tito, kommt es zu wirtschaftlichen und politischen Auflösungserscheinungen.

1990 In Slowenien wird das Mehrparteiensystem eingeführt.

1991 Nach einer Volksabstimmung erklärt sich Slowenien für unabhängig. Daraufhin besetzen jugoslawische Bundestruppen (JNA) die Grenzübergänge zum Ausland, es kommt zu Kämpfen mit slowenischen Territorialeinheiten. Nach zehn Tagen einigen sich Ljubljana und Belgrad über den Abzug der JNA.

1992 Slowenien wird als unabhängige Republik von vielen Ländern anerkannt.

1998 Obwohl Slowenien 1997 von der EU als assoziiertes Mitglied aufgenommen wurde, bleibt es weiterhin auf der Warteliste.

Die Situla von Vače aus der Hallstattzeit (3. Jh. v. Chr.)

Karl der Große eroberte das Reich der slowenischen Karantanen

Milan Kučan, seit 1990 Präsident der Republik Slowenien

Kultur gestern und heute

Illyrer und Römer

Wie überall in Europa hat man auch in Slowenien Zeugnisse menschlicher Kultur gefunden, die bis in die Steinzeit zurückreichen. Der schönste Fund aber stammt aus der Hallstattzeit, wahrscheinlich aus dem 3. Jh. v. Chr.: die Situla von Vače, ein eimerförmiges Bronzegefäß illyrischer Herkunft, mit prachtvollen Reliefs geschmückt, das man im Nationalmuseum von Ljubljana bewundern kann. Hier und in den Museen von Celje und Ptuj sind auch Funde aus den blühenden Römerstädten der Provinzen Noricum und Pannonia versammelt. Die besten Stücke aber stehen unter freiem Himmel, nämlich das Orpheus-Denkmal in Ptuj vom Ende des 2. Jh. n. Chr. und die reich geschmückten Grabmäler in Šempeter bei Celje aus dem 1. und 2. Jh.

Kirchen und Klöster

Slowenien ist eine europäische Kulturlandschaft ohne hochragende Kathedralen und prunkvolle Schlösser. Dafür sieht man auf einer Fahrt durchs Land unzählige Kirchen auf den Hügeln und in den Dörfern und Städten so viele Klosterbauten, dass das Wort vom „Land der Kirchen und Klöster" keine Übertreibung ist.

Architektur

Romanik, Gotik und Renaissance

Die ältesten Kirchen sind wuchtig, einschiffig mit Satteldächern, sie stehen auf Bergen und sind heute noch Ziele von Wallfahrern. Im 12. Jh. führten Benediktinermönche den romanischen Baustil ein, damals entstanden die Klöster von Žiče, Stična, Kostanjevica, Pleterje und Bistra. Die Gotik kam erst gegen Ende des 13. Jhs. nach Slowenien. Bis weit ins 16. Jh. hinein baute man nun in den Städten und auf dem Land Kirchen und Kapellen im Spitzbogenstil, ausgestattet und geschmückt mit Meisterwerken der Bildhauerkunst wie die ergreifende Pietà von Celje und die Schutzmantelmadonna von Ptujska Gora sowie mit expressiven Wandmalereien. An der Küste blühte die zierliche venezianische Gotik, im Dom und im Prätorenpalast von Koper geht dieser Stil schon in die Renaissance über.

Türkeneinfälle, Bauernaufstände und die allem Äußerlichen abgeneigte Reformation waren im 15. und 16. Jh. der Kunst nicht gerade förderlich. Zum Schutz gegen die Osmanen errichteten die Bauern die trotzigen Taborkirchen auf den Bergen – das biblische Wort „Tabor" bedeutet befestigtes Lager –, der Adel baute mächtige Burgen.

Die Barockzeit

Als die Türkengefahr gebannt war und als die Gegenreformation triumphierte, begann die nach der Gotik fruchtbare Kunstepoche Sloweniens, der Hochbarock. Neue Kirchen entstanden, die alten wurden mit prächtigen Altären geschmückt, die reichen Klöster erlaubten sich jeglichen Prunk, die Herren schließlich bauten ihre Burgen komfortabel aus und errichteten stattliche Schlösser. Im 18. Jh. wurde Ljubljana der kulturelle Mittelpunkt des Landes, der italienische, deutsche und einheimische Architekten, Maler und Bildhauer anzog.

20. Jahrhundert

Im 20. Jh. errichtete Jože Plečnik seine eigenwilligen Gotteshäuser in Ljubljana und in der Provinz (s. S. 34).

In Stadt und Land herrscht der Barockstil vor: Dom in Ljubljana

Heuharfe und Ziehharmonika

Zwar ist in Slowenien nur noch wenig von der alten Volkskultur erhalten, doch wird das überlieferte Brauchtum noch vielerorts gepflegt. In der ländlichen *Architektur* sind die drei Kulturbereiche Sloweniens noch deutlich zu sehen: in Ober- und Unterkrain und in einem Teil der Untersteiermark der alpine Typ, über einem gemauerten Untergeschoss ein Oberstock aus Holz, darüber das steile, mit Schindeln gedeckte Dach; im Osten der pannonische Typ, Holzbauten mit Strohdächern; zur Küste hin der mittelmeerische Typ, Steinbauten mit schweren Steinplatten als Dach, die dem gewalttätigen Nordwind Bora trotzen; oft sind die Häuser mit bizarren Schornsteinen und mit Steinmetzarbeiten geschmückt. Überall im Land fallen die eigenartigen „Heuharfen" auf – diese „kozolec" genannten Gestelle dienen zum Trocknen von Gras, Getreide und Mais.

Das *Kunsthandwerk* wurde in den letzten Jahren neu belebt. So werken in den Dörfern und Städten des Prekmurje Töpfer an ihren Scheiben, überall findet man Korbmacher, die Schmiedearbeiten aus Kropa (s. S. 52) sind berühmt und aus Ribnica im Gottscheer Land kommen allerlei Holzwaren.

Nur noch in Museen (Radovljica, s. S. 51) sind die bemalten Bienenkorbbrettchen zu sehen, köstliche Blüten ländlichen Humors: Dargestellt sind beispielsweise eine Altweibermühle, aus der abgearbeitete Bäuerinnen jung und frisch herauskommen, das Schicksal einer Klatschtante oder das tragische Ende eines schießwütigen Jägers.

Auf dem Land ist der *Festkalender* heute noch bunt und vielfältig: Zu Neujahr gehen im Wocheiner Land die Šeme von Haus zu Haus, die gespenstischen Masken stellen die Toten des vergangenen Jahres dar und bringen den Lebenden Glück. Im Fasching ziehen im Pettauer Feld (und in der Stadt Ptuj selbst) die Kurenti umher, Furcht erregende Gestalten in Tiermasken, uralte Fruchtbarkeitsdämonen, die den Winter austreiben.

Die *Volkstrachten* sind heutzutage fast nur noch bei Folklore-Veranstaltungen zu sehen. In der pannonischen Region herrscht das weiße handgewebte Leinen vor. Loden und Leinen, einen Filzhut mit Spielhahnfeder, eine Weste und manchmal auch Lederhosen tragen die alpenslowenischen Männer, Wollschürzen, bunte Tücher und bestickte Hauben die Frauen. Im Karst und an der Küste haben Hemd wie Bluse weite, gefältelte Ärmel, die Tuchhosen der Männer reichen bis unters Knie, darunter weiße Strümpfe; die Brust schützt ein Wams mit silbernen Knöpfen. Über die Frauenröcke sind bunte Schürzen gebunden.

Wenn sich die Kroaten über ihre nördlichen Nachbarn lustig machen wollen, nennen sie die Slowenen auf deutsch „Jodlervolk". Es sind nicht nur die slowenischen Gebirgler, die ihre gute Laune durch *Juchzen und Jodeln* laut verkünden, auch im Unterland hört man Alpenländisches. *Slowenische Volksmusik* unterscheidet sich wenig von bayerischer oder österreichischer, sie ist aber temperamentvoller, slawischer. Das wichtigste Instrument ist die Ziehharmonika, oft begleitet von der Bassstuba. Polka, Walzer und Mazurka sind die beliebtesten Formen – der Mitteleuropäer kennt diese Musik vom beispiellosen Erfolg der „Oberkrainer" von Slavko Avsenik aus Begunje.

Slowenische Lieder klingen teils alpenländisch, teils slawisch-schwermütig, auch romanisches Melos ist dabei. Die Volksliedtradition ist sehr lebendig, in jedem Dorf gibt es einen Gesangsverein und in den Städten wetteifern stimmgewaltige Chöre miteinander.

Malerei

Die Malerei der slowenischen Moderne nahm vor allem Anregungen aus Frankreich, Realismus und Impressionismus, auf. Anton Ažbè (1862–1905), der in München eine Malschule gegründet hatte, übte großen Einfluss auf seine Landsleute aus. Zeitgenössische Künstler haben nach dem Zweiten Weltkrieg europäische Stilrichtungen aufgegriffen und weiterentwickelt.

Auf der Kozolec genannten Heuharfe trocknen Gras und Getreide

Eine europäische Literatur

„Deutsch sprechen in der Regel hier zu Lande / Die Herrinnen und Herren, die befehlen, / Slowenisch die, so von dem Dienerstande." Das schrieb Sloweniens größter Dichter France Prešeren im Jahr 1834 – in deutscher Sprache. Die slowenische war damals allerdings längst von einer Dienstboten- und Bauernsprache zu einer ausdrucksfähigen Schriftsprache geworden und es war Prešeren, der sie den anderen europäischen Schriftsprachen ebenbürtig machen sollte.

Markt in Škofja Loka: Das alte Handwerk blüht noch immer

Die ältesten slowenischen Schriften

Erstmals taucht das Slowenische in den sogenannten Freisinger Denkmälern auf. Die um das Jahr 1000 entstandenen Texte für die Beichtpraxis sind das älteste Zeugnis slawischer Sprache in einer lateinischen Schrift, sie werden seit 1803 in der Bayerischen Staatsbibliothek in München aufbewahrt. Ansätze zu einer Schriftsprache gibt es erst im Reformationszeitalter: Primož Trubar schuf im württembergischen Exil eine Übersetzung des Neuen Testaments, eine Kirchenordnung und slowenische Kirchenlieder, und 1584 erschien in der Reformationsstadt Wittenberg die slowenische Bibelausgabe von Jurij Dalmatin.

18. und 19. Jahrhundert

Eine kleine gebildete und nationalbewusste bürgerliche Schicht, die sich um die slowenische Sprache bemühte, soll-

Oberkrainer Trachtengruppe aus den Dörfern am See von Bohinj

te aber erst gegen Ende des 18. und zu Beginn des 19. Jhs. entstehen. Kannte man vorher nur Volks- und Kirchenlieder sowie Nachahmungen barocker Lyrik, traten jetzt begabte Schriftsteller wie der Lustspieldichter Anton Linhart und der Lyriker Valentin Vodnik auf. Die Ideen der Französischen Revolution und der Einfluss der deutschen Romantik brachten eine slowenische Nationalkultur hervor, die in den Werken von France Prešeren (1800–1849) ihren Höhepunkt erreichte. Mit seinem Versepos „Die Taufe an der Savica" gelang dem Dichter der Anschluss an die europäische romantische Literatur. Den ersten slowenischen Roman, „Der zehnte Bruder" (deutsch 1960), schuf Josip Jurčič (1844–1881). Josip Stritar (1836–1923) brachte den Pessimismus seiner Zeit zum Ausdruck.

Bunte Volksfeste

In Slowenien wird gern gefeiert. Katholischer Tradition gemäß geht es fast überall an Karneval hoch her. In Ptuj gipfelt das Kurentenlaufen z. B. in einem großen, spektakulären Maskenzug. Anfang August findet in Bled und in Bohinj die Bauernhochzeit *(Kmetska ohcet)* statt, ein farbiges Trachtenfest, und in Ukanc wird der Almabtrieb um die Septembermitte als Kuhball *(Kravji bal)* mit reich geschmückten Kühen und Sennen gefeiert.

20. Jahrhundert

Ein Meister der Prosa war Ivan Cankar (1876–1918), einige seiner sozialkritischen Erzählungen wurden auch ins Deutsche übersetzt. Nach Prešeren war Oton Župančič (1878–1949) der bedeutendste slowenische Lyriker; er rief 1941 mit dem Gedicht „Kennst du, Dichter, deine Pflicht" die Intellektuellen seines Landes zum Widerstand gegen die deutschen und italienischen Besatzer auf.

Vom Expressionismus geprägt sind die Werke von Edvard Kocbek und des 1926 verstorbenen Lyrikers Srečko Kosovel, der seine heimatliche Karstlandschaft in apokalyptischem Licht darstellte („Gedichte", deutsch 1992). In deutscher Übersetzung sind Erzählungen und die beiden Romane „Der Galiot" und „Luzifers Lächeln" von Drago Jančar (geb. 1948) erschienen.

Musik, Theater, Festivals

 An der Verallgemeinerung, die Slowenen seien ein sehr musikalisches Volk, ist einiges Wahres. 1660 wurde in Ljubljana die erste Oper aufgeführt und 1701 als eine der ersten in Europa die „Academia Philharmonicorum" gegründet. Nachfolgerin dieser musikalischen Institution ist die 1947 wiedereröffnete Slowenische Philharmonie.

Das Theaterleben Sloweniens hat eine reiche Tradition. Bis zum Ersten Weltkrieg gab es in Ljubljana und in Maribor ein deutsches und ein slowenisches Theater, nach 1945 erlebten Schauspiel und Oper einen großen Aufschwung. Spektakuläres Theater produzierte in neuester Zeit der 1963 geborene Tomaž Pandur vom Nationaltheater Maribor mit seinen kühnen Inszenierungen von „Scheheresade", „Faust", „Maria Stuart" und der „Divina Comedia".

Im Freilufttheater Križanke in Ljubljana findet seit vielen Jahren Ende Juni ein Internationales Jazzfestival statt. Aufsehen in der modernen Musikszene erregte in den letzten Jahren die provokative Rock- und Punkgruppe „Laibach". Auch an Festspielen fehlt es nicht in Slowenien. Bekannte Künstler treten bei der Internationalen Sommermusik in Radovljica auf (Anfang bis Mitte August), andere Veranstaltungen mit klassischer Musik finden im Sommer u. a. in Rogaška Slatina, Portorož und Piran statt, dazu kommen Sommerfestivals mit Schlagern und Folklore in Ljubljana, Bled, Ptuj und Rogaška Slatina.

Essen und Trinken

 Dass Slowenien ein Land ist, in dem sich alpenländische, mittelmeerische und pannonische Kultur überlagern, kann man nicht nur an der Architektur seiner Kirchen, Schlösser, Bürgerhäuser und Bauernhöfe sehen – man kann es auch schmecken. Denn hier hat die einfache Bauernküche ebenso wie die anspruchsvolle Küche der „gehobenen Stände" die unterschiedlichen Einflüsse der österreichischen, der venezianischen und der ungarischen Gastronomie aufgenommen, je nach Region variiert und auch ineinander übergehen lassen. Selbstverständlich stehen in den meisten Restaurants auch internationale Gerichte auf den Speisekarten wie Wiener Schnitzel *(dunajski zrezek)* mit Pommes frites *(pomfrit)*, Schweinebraten *(svinjska pečenka)*, Pizza, Hamburger oder Ćevapčiči, die balkanischen Hackfleischröllchen vom Grill.

Das Denkmal des National-dichters France Prešeren in Kranj

Vorspeisen

Als Vorspeise wird neben salzigen Strudelarten vor allem im Karst und an der Küste der geräucherte und luftgetrocknete Karstschinken *(kraški pršut)* gereicht, in hauchdünne Scheiben geschnitten. Von den vielen Suppen müssen die Steirische saure Suppe *(štajerska kisla juha)* aus Schweinsfüßen mit allerlei Gemüsen und einem Schuss Essig sowie die Wippacher Suppe *(vipavska jota)* aus dem Karst erwähnt werden, letztere besteht aus Sauerkraut, Kartoffeln, Bohnen und Rauchfleisch.

Spezialitäten

An der Spitze der Spezialitäten von Oberkrain (Gorenjska) stehen die Krainer Würste *(kranjske klobase)*, fette,

Zu den roten Weinen aus dem Karst schmeckt der luft-getrocknete Schinken Pršut

gut gewürzte Schweinefleisch-Kalorienbomben, die man mit Kren (Meerrettich) isst, aber ebenso in einem Šara genannten Eintopf mit Rollgerste. Beliebt ist hier auch der Schweinemagen *(gorjenski želodec)*, mit Fleisch, Hirse und Gewürzen gefüllt, geräuchert und schließlich gekocht. Slowenien ist zudem reich an Wild, aus dem manche Köstlichkeit zubereitet wird, darunter Adelsberger Rehbraten *(srna na postojnski način)* mit feiner Kräutersoße.

Getreidebrei

Überall in Slowenien verbreitet ist Sterz, ein Brei aus verschiedenen Getreidearten: Maissterz *(žganci)* isst man mit Milch als Frühstück oder als nahrhafte Beilage zu Fleisch- und Fischgerichten; Buchweizensterz *(ajdovi žganci)* wird als Beilage vor allem zu soßigen und suppigen Fleischtöpfen gereicht.

Aus der Untersteiermark stammen die Reiswürste *(rižnate klobase)* aus gekochtem Reis und Schweinefleisch, die gebraten gegessen werden. In Prekmurje ist auch der Hühnerpaprikasch *(kurji paprikaš)* sehr beliebt, die Soße besteht aus Rahm, Mehl und Paprika. Schlickkrapfen *(žlikrofi z bakelco)* sind mit Hammelragout gefüllte Ravioli, ein Gericht aus der Gegend von Idrija. An der Küste gibt es außer Köstlichkeiten aus Fisch und Meeresfrüchten viele Gemüsegerichte, darunter Mangold, Spargel und Auberginen. Strudel *(štruklji)* kennt man in allen Teilen des Landes, süß gefüllt und gebacken, mit Fleisch oder Käse und gekocht.

Süßspeisen und Kuchen

Schließlich haben die Slowenen eine Schwäche für Süßes. Da steht an erster Stelle die Potitze *(potica)*, ein Hefegebäck, in das verschiedene Arten von Füllungen eingerollt sein können: Nüsse, Rosinen, Topfen (Quark), Mohn und Honig. Eine besondere Art von Strudel ist die *prekmurska gibanica*, Topfenstrudel aus dem Pomurje, sie ist mit Topfen, Rosinen, Mohn und Nüssen gefüllt und mit Rahm überbacken.

Weinland Slowenien

Slowenien ist ein Weinland. Überall, wo keine schneebedeckten Gipfel auf die Täler und Hügel herunterschauen, gedeiht die Weinrebe und reifen die Trauben. Im Karst ist die rote eisenhaltige Erde („terra rossa") ein ausgezeichneter Boden für den roten trockenen Kraški teran und an der Küste keltert man den roten Refošk, im Hügelland dahinter die Rotweine Barbera und Kabernet und im Vipavatal die weißen Zelen und Pinela. Das untere Tal der Save ist wegen seiner leichten, trockenen und etwas säuerlichen Weine bekannt, darunter der weiße Bizeljčan.

Das Draugebiet in der Untersteiermark ist Sloweniens größte Weinregion: Hier werden u. a. die trockenen Weißweine Renski rizling (Rheinriesling), Laški rizling (Welschriesling), Traminec (Traminer) und Graševina gekeltert. Große Kellereien befinden sich in Maribor, Ljutomer, Ormož und Gornja Radgona.

Schnaps und Bier

Zum Willkommen wird dem Gast häufig ein Gläschen Schnaps *(žganje)* gereicht, man trinkt scharfe Sachen aber auch gern zur Verdauung nach dem Essen. An erster Stelle steht der Zwetschgenschnaps Sliwowitz, slowenisch Slivovka. Es werden auch gute Obstschnäpse aus Äpfeln, Birnen und Kirschen gebrannt und im Kloster Pleterje stellen die Mönche aus Wacholder den berühmten Brinovec her. In Weingegenden kennt man auch den Tresterschnaps Tropinovec, der der italienischen Grappa ähnelt.

Bier *(pivo)* ist sehr verbreitet, die bekanntesten Marken sind „Union" aus Ljubljana, „Laško" aus dem gleichnamigen Ort und „Zlatorog" aus Maribor.

Urlaub aktiv

Wer in Slowenien die passive Erholung sucht, kann sich auf die faule Haut legen und sich verwöhnen lassen, kann spazieren gehen und im Kaffeehaus sitzen, die Berge sind schließlich auch von unten betrachtet sehr schön. Aber auch wer im Urlaub aktiv sein will, wer Erholung im Sport sucht, dem hat das Land mit Bergen, Seen, Wildwasser und Meeresküste vielerlei zu bieten.

Slowenien ist ein Paradies für alle Arten des alpinen Sports

Bergsteigen, Bergwandern

Zwei Fernwanderwege führen von Österreich her zur Adria, andere gehen kreuz und quer durchs Hoch- und Mittelgebirge. Wanderer und Bergsteiger finden in den Julischen, Steiner und Sanntaler Alpen markierte Wege, Klettersteige und Klettertouren aller Schwierigkeitsgrade.

 Planinska zveza Slovenije, Dvořakova 9, 1000 Ljubljana, ☎ 0 61/1 32 21 40, ⎙ 1 32 21 40. Der Slowenische Alpenverein gibt spezielle Regionalführer und Wanderkarten (1:25 000) heraus.

Angeln im Krka-Fluss

Fischen und Jagen

Die fischreichsten naturbelassenen Gewässer sind die Flüsse Soča, Sava Bohinjka, Radovna, Krka und Unec sowie die Seen von Bled und Bohinj. Erlaubniskarten für Angler stellen die lokalen Angelsportklubs aus. Angeln im Meer ist ohne Erlaubnis möglich, verboten sind Netze und Schleppangeln.

 Zavod sa ribištvo, Županči-čeva 9, 1000 Ljubljana, ☎ 0 61/1 26 20 19, ⎙ 1 25 51 85. Das Fischerei-Institut erteilt Auskünfte über Richtlinien und Sportklubs.

Gejagt werden Bär, Hirsch, Reh, Gemse, Damhirsch, Mufflon, Wildschwein, Ha-

Wanderwege erschließen die Schönheiten der Landschaft

se, Fasan, Rebhuhn, Wildente sowie Luchs, Marder und Dachs.

 Lovska zveza Slovenije, Župančičeva 9, 1000 Ljubljana, ☎ 0 61/21 49 50, 📠 21 79 94. Der Slowenische Jagdverband erteilt Auskünfte.

Golfen

Bled Golf and Country Club, Cesta svobode 13, 4000 Bled, ☎ 0 64/71 82 30, 📠 71 82 25.

Lipica Golf Club, 6210 Sežana, ☎ 0 67/7 29 30, 📠 7 28 18.

Mokrice Castle Golf Club Čatez, Topliška cesta 35, 8250 Brežice, ☎ 06 08/5 70 00, 📠 6 27 21.

Luftsport

Auch in Slowenien kann man die individuellen Luftsportarten Ballonfahren, Drachen- und Gleitschirmfliegen betreiben.

 Zmajček, 1000 Ljubljana, ☎ 0 61/1 27 25 34. Auskünfte über Heißluftballons.

Fluggebiete für Drachen und Gleitschirme sind vor allem bei Kranj, Kranjska Gora, Nova Gorica, Bovec, Kobarid und Slovenj Gradec.

Radfahren

Auf Sloweniens Straßen und Feldwegen lässt es sich ausgezeichnet Rad wandern; die viel befahrenen Hauptstraßen sind aber besser zu meiden. Man kann Fahrräder in manchen Hotels wie auch lokalen Reisebüros mieten. Organisierte Radtouren bietet an:

Prava pot, Slovenska cesta 55 b, 1000 Ljubljana, ☎ 0 61/1 31 71 14, 📠 1 31 71 86.

Reiten

Die erste Adresse für Pferdefreunde in Slowenien ist natürlich Lipica, die Hei-

mat der weltberühmten Lipizzaner-Schimmel (s. S. 64). Andere Reitklubs und Reiterhöfe, wo Unterricht, Ausritte und anderes angeboten werden, befinden sich in allen größeren und in touristischen Orten. Nähere Informationen enthält die Broschüre „Reiten in Slowenien", erhältlich beim Slowenischen Fremdenverkehrsamt (s. S. 93).

Tennis

An Tennisplätzen und Möglichkeiten, den „weißen Sport" auszuüben, ist kein Mangel. Auskünfte erteilen die örtlichen Touristenbüros in größeren Städten und in allen Fremdenverkehrsorten.

Wassersport

Für Segler und Bootstouristen, die in der Adria kreuzen wollen, gibt es Jachthäfen in Koper, Izola, Piran und Portorož. Vor der slowenischen Küste herrschen gute Bedingungen für Surfer.

Für Wassersportarten auf Flüssen und Seen bietet Slowenien viele Möglichkeiten: Kajak, Kanu, Wildwasser-Schlauchboot (Rafting) vor allem auf den Flüssen Soča, Save, Kolpa, Krka und Idrijca. Als Wanderflüsse für Kajakfahrer sehr geeignet sind Drau, Mur, Save, Krka und Kolpa.

Man kann Sportgeräte mieten und an organisierten Fahrten teilnehmen. Hier einige Adressen:

Agencija Alpinum, Ribčev laz 50, 4265 Bohinjsko jezero, ☎ 0 64/72 34 41, 📠 72 34 46.

Soča Rafting, p. p. 172, 5000 Nova Gorica, ☎ 0 65/3 22 21.

Carpe diem, Krka 27, 1301 Krka, ☎ 0 61/78 60 11.

TOP, Vojkova 9, 5000 Nova Gorica-Solkan, ☎ 0 65/2 47 78.

Wintersport

Neben Bergsteigen und Wandern ist Skifahren der beliebteste Sport der Slowenen. Überall in dem gebirgigen Land gibt es gut ausgestattete Skigebiete, Langlaufloipen findet man ebenfalls reichlich. Bei Eisläufern beliebt sind die Seen von Bled und Bohinj.

Die bekanntesten Skigebiete sind Kranjska Gora, Bohinj, Straža und Zatrnik bei Bled, Krvavec in den Steiner Alpen, Golte bei Mozirje und das Pohorje-Gebirge bei Maribor. Auskünfte erhält man bei den örtlichen Touristenbüros, beim Slowenischen Fremdenverkehrsamt (s. S. 93) ist der Prospekt „Fröhlicher Winter auf der Sonnenseite der Alpen" erhältlich.

Skirekorde

Slowenien kann sich zweier skihistorischer Rekorde rühmen: Der neuere wurde 1935 aufgestellt, als Sepp Bradl auf der Skiflugschanze von Planica die damalige „Traumgrenze" von hundert Metern überflog. Der andere Rekord ist ein paar Jahrhunderte älter. Denn nicht nur in Skandinavien und irgendwo in den verschneiten Weiten Osteuropas kamen Menschen auf die Idee, das Verkehrshindernis Schnee gleitend zu überwinden. Der Ski wurde auch im südöstlichen Mitteleuropa erfunden, und zwar auf dem Bolke-Plateau nahe des unterkrainischen Cerknica. 1689 erschien in Nürnberg ein Buch, „Die Ehre des Herzogthums Krain", in dem der Naturforscher Freiherr Johann Weichard Valvasor seine Heimat beschreibt und rühmt. Valvasor erzählt, wie sich dort Bauernburschen „zwey hültzerne Brettlein" unterschnallen, die „vorne gekrümmt und aufgebogen" sind. Damit „schießt und fleugt" man „über den gähesten Berg" hinunter. Die Slowenen müssen sich deshalb nicht wie andere Wintersportvölker des norwegischen Wortes Ski bedienen, sie haben für die Brettln ihr eigenes: smuči.

Urlaub auf dem Pferderücken ist immer wieder ein großes Erlebnis

Die Wildwasser der Soča bieten allerhand feuchten Nervenkitzel

Eines der schönsten Skigebiete: Der Berg Vogel über der Wochein

Unterkunft

 Hotels, Gasthöfe, Privatzimmer und Campingplätze haben in Slowenien im Allgemeinen mitteleuropäisches Niveau. Im Juli und August sowie zu Feiertagen ist es ratsam, die Unterkunft rechtzeitig zu buchen. In Städten wie Ljubljana und Maribor sollte man auf die Zeiten von Messen und Kongressen achten.

Hotels

Die slowenischen Hotels sind in die Kategorien L (Luxus), A (erstklassig), B (gut, Zimmer mit eigenem Bad) und C (einfach, ohne eigenes Bad) eingeteilt. Die Fremdenverkehrsämter (s. S. 93) versenden eine Hotelpreisliste.

Privatzimmer und Ferienwohnungen

Das Angebot an Privatzimmern und Ferienwohnungen ist groß. Häuser, in denen solche vermietet werden, tragen das Schild „Sobe" (Zimmer). Man kann sie beim Vermieter selbst, beim örtlichen Touristenbüro oder bei Reisebüros reservieren lassen. Privatzimmer sind in die Kategorie I mit Dusche und eigenem WC und in die Kategorie II mit Gemeinschaftsbad und -WC eingeteilt.

Campingplätze

Die vom Gaststätten- und Tourismus-Verband herausgegebene Broschüre „Campingplätze in Slowenien" führt 36 empfohlene Plätze auf. Außerdem gibt es noch kleinere, nicht amtlich registrierte Campingplätze.

 Gospodarska zbornica Slovenije, Združenje gostinstva in turizma, Slovenska 54, 1000 Ljubljana ☎ 0 61/1 32 82 18, 🖷 30 29 83.

Für junge Leute

In Slowenien gibt es nur eine Jugendherberge, „Bledec" in Bled. In der Ferienzeit bieten jedoch die Studentenwohnheime (Dijaški dom) in Ljubljana und Koper Möglichkeiten zur Übernachtung.

 Počitniška zveza Slovenije, Parmova 33, 1000 Ljubljana, ☎ 🖷 0 61/31 21 56. Der Jugendferienverband vergibt die Adressen und erteilt Auskünfte.

Ferien auf dem Land

Die gute alte Sommerfrische auf dem Land ist noch immer eine der schönsten Erholungsmöglichkeiten, besonders für Familien mit Kindern. Einige Gastgeber bieten Sportaktivitäten an, verleihen Fahrräder oder stellen Reitpferde zur Verfügung. Das Angebot reicht von Übernachtung mit Frühstück über Halb- bis Vollpension. Die meisten Bauernhöfe nehmen ganzjährig Gäste auf, sie sind über ganz Slowenien verteilt. Verständigungsprobleme gibt es kaum, weil in fast allen Häusern jemand Deutsch oder Englisch spricht. Auskünfte und Adressen für Ferien auf dem Land erhält man beim **Verband touristischer Bauernhöfe Sloweniens,** Tronoveljska 1, 3000 Celje, ☎ 0 63/3 45 21, 🖷 3 44 04.

Hütten

In den slowenischen Bergen stehen Wanderern und Bergsteigern zahlreiche Unterkunftshäuser (dom) und Berghütten (koča) zur Verfügung. Die höher gelegenen Stützpunkte sind normalerweise von Anfang Juli bis Anfang oder Mitte September bewirtschaftet. Einige Hütten öffnen auch zur Skisaison.

 Der Slowenische Alpenverein erteilt Auskünfte; Adresse s. S. 23.

Reisewege und Verkehrsmittel

Anreise

Mit dem Flugzeug

In Slowenien gibt es drei internationale Flughäfen, Ljubljana, Maribor und Portorož. Im Linienverkehr wird von West- und Mitteleuropa nur Ljubljana (von Frankfurt/Main, München, Wien und Zürich) angeflogen. Der Flughafen Ljubljana befindet sich in Brnik, 35 km nördlich der Stadt. Vom Busbahnhof aus verkehrt ein Flughafenbus.

Traditionsreichstes Hotel an der Küste: das Palace in Portorož

Mit dem Zug

Von Deutschland aus ist Slowenien mit der Eisenbahn über München zu erreichen (München bis Ljubljana 453 km, Fahrzeit rund 7 Stunden). Von Berlin über Leipzig, Jena, Nürnberg, Augsburg, München und Salzburg verkehrt nach Ljubljana der ICE „Mimara", der in die kroatische Hauptstadt Zagreb weiterfährt.

Vom östlichen Österreich aus gibt es Verbindungen über Graz nach Maribor und weiter nach Ljubljana. Von der Schweiz führt der direkteste Weg mit der Bahn über Mailand nach Triest und nach Ljubljana.

Den modernsten Busbahnhof des Landes besitzt die Stadt Maribor

Mit dem Autobus

Linienbusse nach Slowenien (vor allem nach Ljubljana) verkehren von einigen deutschen und österreichischen Städten wie München, Villach, Klagenfurt und Graz aus. Auskünfte erteilen die Fremdenverkehrsämter (s. S. 93).

Mit dem Auto

Der schnellste Weg für Autofahrer aus Deutschland nach Slowenien führt über München zum Tauern-Autobahn-

Von Ljubljana aus führt die Autobahn hinein ins Karstgebiet

tunnel, dann durch den Katschbergtunnel nach Kärnten, wo nach Südosten die Autobahn zum Karawankentunnel abzweigt. Auf slowenischer Seite geht es auf der gebührenpflichtigen Autobahn weiter nach Ljubljana. Von Salzburg aus gibt es noch eine weitere Möglichkeit: Man fährt vom Salzachtal das Gasteiner Tal hinauf, in Böckstein wird der Wagen auf die Bahn verladen, Auto und Insassen erreichen die Kärntner Seite durch den Tauern-Eisenbahntunnel. Eine östliche Route geht von Nürnberg aus auf der Autobahn nach Regensburg, Passau und in Österreich über Wels und den Bosrucktunnel (Pyhrnpass) nach Graz. Von hier aus führt die Autobahn weiter zur slowenischen Grenze bei Spielfeld/Šentilj und nach Maribor. Von Klagenfurt kommt man über den Tunnel am Loiblpass (1368 m) nach Ljubljana.

Schweizer Slowenienreisende fahren entweder durch den St.-Bernhard-Tunnel, den St.-Gotthard-Tunnel oder den San-Bernardino-Tunnel nach Mailand und von hier aus über Venedig nach der italienischen Hafenstadt Triest, dem Eingangstor zum westlichen und südlichen Slowenien.

 Autoreisezüge verkehren während der Sommersaison von Berlin, Hannover Hamburg, Düsseldorf und Köln nach Villach in Kärnten (38 km vor der slowenischen Grenze), von Wien aus nach Koper.

Reisen in Slowenien

Mit dem Zug

Slowenien wird von zwei Eisenbahn-Hauptstrecken durchquert: Von Nordwesten nach Südosten führt die Linie von Kärnten durch den Karawankentunnel über Jesenice und Ljubljana nach Zagreb, von Nordosten nach Südwesten die von Graz über Maribor und Ljubljana nach Rijeka (mit Abzweigung nach Koper und Triest). Nebenstrecken erschließen die meisten Regionen des Landes.

Mit dem Autobus

Ein dichtes Linienbusnetz überzieht alle Landesteile. Die Busse sind bequem ausgestattet, die Preise sind verhältnismäßig niedrig. In größeren Städten und Ferienorten besteht ein großes Angebot an Ausflugsfahrten.

Mit dem Auto

In Slowenien gibt es ein weit verzweigtes, gut gehaltenes Straßennetz. Eine teilweise fertig gestellte Autobahn verbindet den Karawankentunnel mit Ljubljana, eine zweite Ljubljana mit Postojna und der italienischen Grenze bei Triest. Von Ljubljana aus führt eine Schnellstraße nach der kroatischen Hauptstadt Zagreb, eine andere verbindet Maribor mit Celje, sie soll bis Ljubljana ausgebaut werden.

In größeren Orten, in Fremdenverkehrszentren sowie an Flughäfen kann man zu den üblichen Bedingungen Autos verschiedener Typen mieten. Die grüne Versicherungskarte ist für ausländische Kraftfahrer nicht mehr Pflicht; sie empfiehlt sich jedoch bei Unfällen.

In Ortschaften besteht eine Geschwindigkeitsbeschränkung von 50 km/h, auf Landstraßen 90, auf den Nationalstraßen 100, auf Autobahnen 130 (mit Anhänger auf allen Straßen 80). Die Promillegrenze beträgt 0,5 Promille. Die Kraftstoffversorgung ist flächendeckend, es gibt überall bleifreies Benzin.

Bei Verkehrsunfällen muss auch bei Blechschäden ein polizeiliches Protokoll aufgenommen werden, um das beschädigte Fahrzeug außer Landes bringen zu können. Bei ungeklärter Schuldfrage entscheidet ein Schnellgericht oft schon am folgenden Tag.

 Auto-moto zveza Slovenije (AMZS), Dunajska 128, 1000 Ljubljana, ☏ 0 61/34 13 41, 🖷 34 23 78. Pannendienst von 7 bis 20 Uhr: ☏ 9 87. Alle Mitglieder eines Autoklubs erhalten hier Auskunft und Hilfe.

** Ljubljana

Licht und Luft des Südens

Eine mitteleuropäisch-alpenländische Stadt, in der man schon Licht und Luft des Südens spürt: zwischen dem Fluss Ljubljanica und dem Burgberg eine barocke Altstadt, in den letzten Jahren sorgfältig renoviert, am andern Ufer Prunkgebäude aus der k. u. k. Gründerzeit und luftiger Jugendstil, daneben die Hochhäuser von Industrie und Banken. Hier vermischen sich altösterreichische Urbanität und slowenische Ländlichkeit, hier herrscht aber auch die Geschäftigkeit einer modernen Industrie- und Verwaltungsmetropole und über allem liegt eine südliche, von einer heiteren, selbstbewussten Jugend geprägte Atmosphäre.

Der Dreiflüssebrunnen vor dem Rathaus, im Hintergrund der Dom

Geschichte

Schon in der Bronzezeit war hier ein wichtiger Verkehrsknotenpunkt: Die Bernsteinstraße von der Ostsee zur Adria, die Handelswege zwischen dem Alpenraum, der Pannonischen Ebene und der nördlichen Adria kreuzten sich im Becken der oberen Save. Unter dem heutigen Burgberg gründeten Kelten die Siedlung Emona, an die heute der Name eines Lebensmittelkonzerns erinnert. Die aus einem römischen Militärlager entstandene Stadt Colonia Julia Aemona wurde während der Völkerwanderung zerstört, später siedelten sich Slowenen in den Ruinen an, schließlich auch deutsche Kolonisten.

Blumenfrau vom Markt entlang des rechten Ufers der Ljubljanica

Unter dem deutschen Namen Laibach wurde der Ort 1144 erstmals urkundlich erwähnt. Die Habsburger machten ihn zur Hauptstadt des Herzogtums Krain, in der napoleonischen Zeit war hier der Sitz der Verwaltung der Illyrischen Provinzen. Dem Bau der Eisenbahn-

Blick vom Uhrturm auf der Burg über die Stadt und auf die Berge

linie von Wien nach Triest, der österreichischen Südbahn, im Jahr 1857 verdankt die Stadt den ersten wirtschaftlichen Aufschwung. 1895 zerstörte ein Erdbeben große Teile Ljubljanas. Seit 1919 ist Ljubljana Sitz der ersten slowenischen Universität. Im Zweiten Weltkrieg umgaben die italienischen Besatzer die Stadt mit einem 34 km langen Stacheldrahtzaun und verwandelten sie so in ein riesiges Konzentrationslager, um den Widerstand der Bevölkerung zu brechen. Nach der Befreiung 1945 wurde Ljubljana als Hauptstadt der Sozialistischen Republik Slowenien zur wohlhabendsten Metropole Jugoslawiens. Seit 1991 ist sie Hauptstadt der unabhängigen Republik Slowenien. Sie hat rund 280 000 Einwohner.

Ljubljanas Charme

Ljubljana ist eine Stadt zum Bummeln, denn viele Straßenzüge und Plätze, besonders in der Altstadt, sind autofreie Zonen. Eilige Besucher haben nach einem halben Tag alles Wichtige gesehen, bei einem Tagesaufenthalt kann man etwas mehr von der Atmosphäre auf sich wirken lassen, doch erst in wenigstens drei Tagen erschließt sich die ganze Schönheit dieser Stadt.

Stadtbesichtigung

Am Prešernov trg

Die mittelalterlich-barocke Altstadt auf dem rechten Ufer der Ljubljanica unter dem Burgberg und die stolzen Repräsentativbauten der Hauptstadt des österreichischen Kronlands Krain auf dem linken Ufer vereinigen sich beim *Prešernov trg* ❶. Der nach dem Nationaldichter France Prešeren benannte Platz wird beherrscht von der rosaroten Fassade der barocken *Franziskanerkirche* (1646 bis 1660) und dem Kaufhaus *Centromerkur* in üppigem Jugendstil.

Als hier 1905 das Denkmal für Prešeren enthüllt wurde, erregte es sogleich den Protest des damaligen Laibacher Bischofs Jeglič: Der Bildhauer Ivan Zajc hatte die Muse, die den Lorbeerkranz über den bescheiden dastehenden Poeten hält, mit nacktem Oberkörper dargestellt.

Am Prešerenplatz wird die Ljubljanica von dem ****Tromostovje** ❷, „Dreibrücken", genannten Ensemble dreier Brücken überquert, eine Schöpfung des Architekten Jože Plečnik, der 1931 bei der Neugestaltung der Ljubljanica-Ufer die Spitalbrücke von 1842 um zwei Fußgängerbrücken erweiterte.

 Links säumen die lang gestreckten *Markthallen (Tržnica)* von Plečnik das Ljubljanica-Ufer, rechts liegen im sorgfältig restaurierten *Filipov dom* die Geschäftsräume einer Galerie, die neben herkömmlichem Porzellan und Besteck kunstvoll-moderne slowenische Keramikarbeiten verkauft.

Das Rathaus

Die drei Brücken führen geradewegs durch die nach einem anderen Dichter benannte *Stritarjeva cesta* zum *Stadtplatz (Mestni trg)*. Dort steht das **Rathaus** *(Rotovž)* ❸ mit seinem fünfeckigen Uhrturm (1718) und davor der **Brunnen der Krainer Flüsse* (1751) mit den Figuren von Delphinen und Flussgöttern, den Symbolen der drei größten Flüsse Krains, der Save (Sava), der Gurk (Krka) und der Laibach (Ljubljanica).

Dom St. Nikolaus

Geht man nach links zum Platz der Slawenapostel Kyrill und Method, kommt man zum *Dom St. Nikolaus (Stolnica svetega Miklavža)* ❹, der dem Patron der Flussfischer geweiht ist. Die ursprünglich romanische Kirche zeigt sich heute in hohem Barockstil (1701–1708) mit einer wohlproportionierten Kuppel und zwei Türmen.

Der *Erzbischöfliche Palast (Škofijski dvorec)* hat einen schönen barocken Arkadenhof. Hinter dem Dom liegt das *Priesterseminar (Semenišče)* aus den Jahren 1708 bis 1714, zu dessen prächtig ausgestatteter Bibliothek ein von zwei Giganten flankiertes Portal führt.

 Wenige Minuten Fußweg vom Dom entfernt werden auf dem nach einem Dichter benannten **Vodnikov trg** ❺ an dicht gedrängten Marktständen die Produkte des Umlands verkauft.

Burg * Ljubljanski grad

Vom Vodnikplatz aus geht man durch die *Studentengasse (Studentska ulica)* auf einem schattigen Waldweg mit Blick auf die Dächer der Altstadt hinauf zur Burg *Ljubljanski grad* ❻. Der Aufstieg lohnt sich wegen der weiten

❶ Prešernov trg
❷ Tromostovje
❸ Rathaus
❹ Dom St. Nikolaus
❺ Vodnikov trg
❻ Ljubljanski grad
❼ Levstikov trg
❽ Čevlarski most
❾ Trg francoske revolucije
❿ Narodna knjižnica
⓫ Kongresni trg
⓬ Trg Republike
⓭ Narodni muzej
⓮ Moderna Galerija
⓯ Narodna Galerija
⓰ Nebotičnik

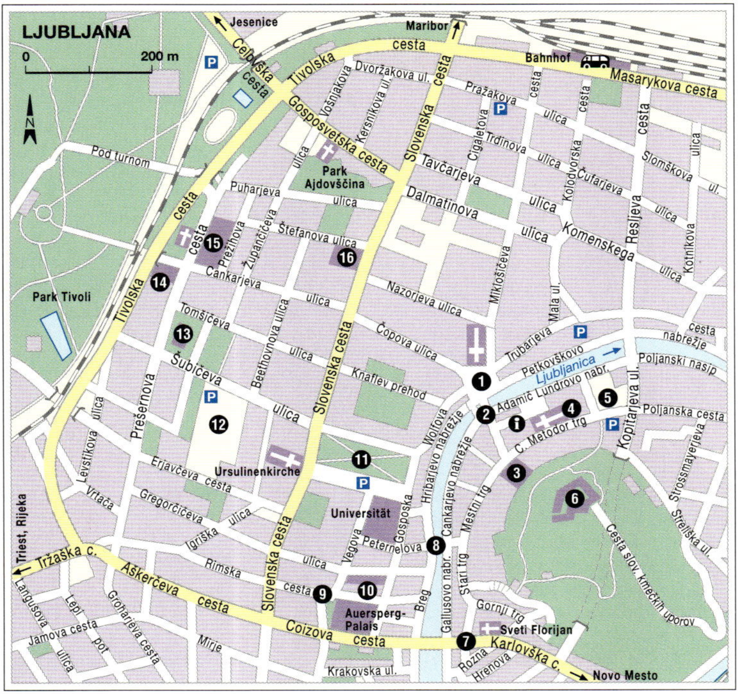

Map of Ljubljana

Aussicht vom *Uhrturm,* der seit 1848 einen Turm aus dem 16. Jh. ersetzt. Bei gutem Wetter reicht der Blick von den Julischen Alpen mit dem Triglav über die Karawanken, die Steiner und die Sanntaler Alpen in die Ebene, wo im Osten unweit der Stadt die Ljubljanica in die Save mündet, über die von Kirchen bekrönten Hügel der Umgebung und schließlich über die Stadt.

Die Gebäude der Burg stammen aus dem 16. und 17. Jh., sie ruhen auf den Fundamenten illyrischer, keltischer, römischer und mittelalterlicher Befestigungsanlagen. Durch den Burgberg führt ein Straßentunnel.

Tipp Der schönste Weg zurück in die Stadt ist die *Ulica na Grad* hinunter zur Kirche *Sveti Florijan* (1672) und zum Levstikov trg.

Am Fuß des Burgbergs

An dem von Plečnik gestalteten **Levstikov trg** ❼ stehen die barocke Jesuitenkirche *Sveti Jakob* und das behäbige *Rokokopalais Gruber* (1775–1781). Sein Besitzer, der österreichische Ingenieur Gabriel Gruber, hatte das die Stadt umgebende Moor *Ljubljansko barje* durch einen Kanal trockengelegt.

Von hier geht unterhalb des Burgbergs nun der Hauptstraßenzug der Altstadt in einem Bogen zurück in Richtung Rathaus. Diese „Flaniermeile" – **Gornji** (oberer), **Stari** (alter) und **Mestni trg** (Stadtplatz) – ist gesäumt von sorgfältig renovierten barocken Häusern, einige wenige, kenntlich an den zur Straße

hin gewandten Dachfirsten, stammen noch aus dem Mittelalter. Hier sind elegante Läden und Boutiquen enstanden, vor den Cafés und Restaurants stehen in der schönen Jahreszeit Tische und Stühle, hier trifft sich vor allem die studentische Jugend zur Diskussion von Tagesthemen oder einfach zur Entspannung. In den engen Seitengassen ist mancher malerische Winkel zu entdecken.

*Schusterbrücke

Geht man hinunter ans idyllische Ufer der Ljubljanica, kommt man zur *Schusterbrücke (Čevlarski most)* ❽, der 1931 Jože Plečnik ihr heutiges Aussehen gab. Jenseits der Brücke ist das linke Ufer von kleinen Cafés und Gaststätten gesäumt. Nach Süden zu heißt das Ufer *Breg,* das Gestade, hier war im Mittelalter der Hafen der Stadt.

Am *Trg francoske revolucije

Abseits der Ljubljanica erinnert der *Platz der Französischen Revolution* ❾, an das Jahr 1789 und seine weltverändernden Ideen, die auch die Krainer Intellektuellen erreichten. Die *Illyrische Säule* aus Marmor von der dalmatinischen Insel Hvar, die Plečnik 1929 hier errichtete, gemahnt an Ljubljanas Zeit als Hauptstadt der napoleonischen Illyrischen Provinzen. Am Platz steht auch das barocke *Auersperg-Palais,* heute Stadtmuseum, und das *Kreuzherrenkloster (Križanke),* einst Ordenshaus der Deutschherren-Ritter, mit der barocken *Mariahilfkirche* (1714). Den Komplex wandelte Plečnik in den Jahren von 1950 bis 1956 in ein Freilichttheater um, den Hof umgab er mit Arkaden.

Gleich um die Ecke befindet sich Plečniks Meisterwerk, die 1941 vollendete **Nationalbibliothek** *(Narodna in univerzitetna knjižnica)* ❿. Die Außenwände sind aus Ziegeln und hellem

Hausberg

9 km nördlich von Ljubljana erhebt sich der 667 m hohe Berg *Šmarna gora, ein alter Marienwallfahrtsort und beliebtes Ausflugsziel mit ebenfalls großartiger Aussicht auf die Stadt, die Burg und die Berge. Ein volkstümliches Wirtshaus empfängt die Ausflügler.

Der idyllische Fluss Ljubljanica, links die Franziskanerkirche

Bruchstein gemauert, ein marmornes Treppenhaus führt in den lichtdurchfluteten, 50 m langen Lesesaal.

Kongresni trg

Geht man die *Vegova cesta* nach Norden, kommt man zum *Kongresni trg* ⓫, wegen seiner sternförmigen Parkanlage auch *Zvezda* („Stern") genannt. Seinen Namen hat der Platz vom Kongress der Heiligen Allianz, auf dem 1821 der österreichische und der russische Kaiser, der König von Neapel und andere Staatsmänner Beschlüsse zur Unterdrückung der nationalen Bewegung in Italien fassten. Auf der Südseite steht

die *Universität,* früher Sitz der Krainer Regierung, im Westen die monumentale *Ursulinenkirche (Uršulinska cerkev)* mit ihrer spätbarocken Fassade, ein Bau, der auf norditalienische Vorbilder verweist. Im Park sieht man die Kopie einer vergoldeten römischen Bronzestatue, deren Original hier ausgegraben wurde; sie stellt wahrscheinlich einen prominenten Bürger Aemonas dar.

Am Trg Republike

Westlich vom Kongressplatz breitet sich der *Platz der Republik* ⓬ aus, mit dem *Parlament* im Norden und dem von 1978 bis 1982 erbauten Kultur-

Plečniks Ljubljana

Es sind nicht nur Licht und Luft des Südens, denen die kleine Hauptstadt am Südrand der Alpen seine mittelmeerische Atmosphäre verdankt, es ist auch der Reichtum der mediterranen Formensprache des Architekten und Stadtgestalters Jože Plečnik. Nur wenige Städte wurden von einem einzigen Künstler so stark geprägt wie Ljubljana von Plečnik, der 1872 als Sohn eines aus dem Karst zugezogenen Schreiners in Ljubljana geboren wurde und 1957 hier starb.

Er hat in Wien bei Otto Wagner studiert, einem der Wegbereiter des Wiener Sezessionsstils. Hier schuf er dann das phantasievoll ausgestaltete Geschäftshaus des Fabrikanten Zacherl und die Heiliggeistkirche im Arbeiterviertel Ottakring, einen schlichten Eisenbetonbau im Geist des frühen Christentums.

Nach dem Ersten Weltkrieg wurde Plečnik nach Prag berufen, vom Präsidenten der jungen tschechoslowakischen Republik, Tomaš G. Masaryk, um die alte böhmische Königsburg Hradschin zu renovieren. Hier gestaltete er großzügige Gartenanlagen, Höfe, Durchgänge und Innenräume.

Plečniks Formensprache kommt aus regionalen Traditionen seiner Heimat und ist zugleich ein Repertoire der klassischen Elemente mediterraner Architektur, mit dorischen und ionischen Säulen und Kapitellen, mit Pyramiden, Kegeln, Balustern, die jedoch nie ironisches Zitat sind, sondern echt in Material und Funktion. Dreieinhalb Jahrzehnte lang wirkte Plečnik in seiner Heimatstadt Ljubljana. Hier gestaltete er Parks und Plätze, er setzte Akzente durch Obelisken, Säulen und Pyramiden, legte breite Treppen an und ließ große Flächen pflastern. In den zwanziger und dreißiger Jahren entstanden die Franziskanerkirche im Vorort Šiška, das Stadion und die Handelskammer, vor der Stadt die Michaelskirche in Barje und der Zentralfriedhof Žale, im Übermurgebiet die Kirche von Bogojna. Plečniks größte Leistungen als Städtebauer sind die Gestaltung des Ljubljanica-Ufers mit dem Brückenensemble Tromostovje und den Markthallen sowie eine Reihe von Plätzen und Straßenzügen. Sein Meisterwerk ist und bleibt jedoch die Universitätsbibliothek, die Stein und Geist des Karsts in die Hauptstadt versetzt.

und Kongresszentrum *Cankarjev dom* (Cankar-Haus) im Süden, benannt nach dem Schriftsteller Ivan Cankar.

Das ****Nationalmuseum** *(Narodni muzej)* ⓭, ein Neorenaissance-Gebäude aus dem Jahr 1885, enthält eine sehenswerte Sammlung mit Funden aus der Stein- und Bronzezeit, die im Laibacher Moor gemacht wurden.

Drei Kunstmuseen

An der *Prešernova cesta* befinden sich die **Moderna Galerija** *(Moderne Galerie)* ⓮ mit Werken slowenischer Künstler des 20. Jhs. und wechselnden Ausstellungen zeitgenössischer bildender Kunst. In der **Narodna Galerija** *(Nationalgalerie)* ⓯ ist slowenische Kunst vom 13. bis 19. Jh. zu sehen. Nahebei ist der Eingang zum *Park Tivoli,* wo eine von Plečnik gestaltete Promenade zum *Tivoli-Schlösschen (Tivolski grad)* führt, das Kaiser Franz Joseph im Jahr 1852 kaufte, um es dem Feldmarschall Radetzky zu schenken. Hier ist heute das Internationale Graphikzentrum untergebracht, einer der Ausstellungsräume der in jedem zweiten Jahr stattfindenden Internationalen Graphischen Biennale.

Tipp An der Hauptverkehrsader Ljubljanas, der *Slovenska cesta,* erhebt sich das erste Hochhaus der Stadt, der 1933 von Vladimir Šubič erbaute *Nebotičnik* ⓰, der „Wolkenkratzer". Vom Café im obersten Stockwerk aus hat man einen schönen Panoramablick über die Stadt.

Praktische Hinweise

i **Turistično informacijski center (TIC),** Mačkova 1 (zwischen der Brücke Tromostovje und dem Erzbischöflichen Palast auf dem rechten Ufer der Ljubljanica), 1000 Ljubljana, ☏ 0 61/1 33 01 11, 🖷 1 33 02 44.

✈ Vom Flughafen Brnik (35 km nördlich) Direktflüge nach Frankfurt, München, Wien, Zürich.

Treffpunkt und Drehscheibe der Hauptstadt: der Prešerenplatz

Das Wappentier Ljubljanas an der Drachenbrücke

Eines der vielen Straßencafés in der barocken Altstadt

Jesenice (Villach, Salzburg, München), Zagreb, Maribor, Koper, Triest, Rijeka; Nebenbahnen nach Kamnik, Kočevje, Karlovac.

Busbahnhof am Bahnhof; Verbindungen innerhalb Sloweniens und nach Zagreb, Pula, Rijeka.

 Holiday Inn, Mikloš̌iceva 3, ☎ 1 25 50 51, 🖷 1 25 03 23. Luxushotel im Zentrum. Ⓢ⟩⟩

Lev Intercontinental, Vošnjakova 1, ☎ 1 33 21 55, 🖷 32 19 94. Luxushotel mit eleganter Atmosphäre. Ⓢ⟩⟩

Grand Hotel Union, Mikloš̌iceva 1, ☎ 1 25 41 33, 🖷 21 79 10. Zentral. Im Café-Theater gibt es abends Musik- und Theaterdarbietungen. Ⓢ⟩⟩

Slon, Slovenska 34, ☎ 1 70 11 00, 🖷 21 71 64. Das alte Gasthaus zum Elefanten ist heute ein sympathisches Hotel mit gemütlichem Kaffeehaus und einer gut sortierten Vinothek. Ⓢ⟩

Turist, Dalmatinova 15, ☎ 1 32 23 43, 🖷 31 92 91. Im Zentrum, trotzdem relativ ruhig. Ⓢ⟩

Ilirija, Trg prekomorskih brigad 4, ☎ 55 11 62, 🖷 1 59 30 48. Etwas abseits im Stadtteil Šiška gelegen. Ⓢ⟩

Park, Tabor 9, ☎ 32 13 98, 🖷 1 33 05 46 . Einfaches Stadthotel in der östlichen Innenstadt. Ⓢ

⚠ **Ježica,** Dunajska 270, ☎ 37 29 01, 🖷 37 13 82. Am Saveufer 6 km nördlich vom Zentrum an der Ausfallstraße nach Maribor, mit Bungalows.

As (Opernkeller), Čopova ulica 5a, ☎ 1 25 88 22. Gehobenes Restaurant. Ⓢ⟩

Rotovž, Mestni trg 2, ☎ 21 28 39. Im Rathaus, bürgerliche Küche. Ⓢ⟩

Šestica, Slovenska 38, ☎ 21 95 75. Deftige einheimische Küche. Ⓢ⟩

Špajza, Gornji trg 28, ☎ 1 25 30 94. Die „Speisekammer" bietet feine slowenische Küche; Garten. Ⓢ⟩

Daj Dam, Cankarjeva 4, ☎ 21 06 19. Selbstbedienungsrestaurant im Zentrum, einheimische Kost. Ⓢ

Maximarket, Trg Republike 1, ☎ 1 76 68 99. Bei der Jugend beliebtes Selbstbedienungsrestaurant. Ⓢ

 Ljubljanas Jugend trifft sich im Café auf der Burg, in den Lokalen um den Prešeren-platz und in den Kneipen am Gradaš̌cica-Bach (Stadtteil Trnovo). Im Sommer löffelt man seinen Jogurt-Eisbecher *(jogurtna kupa)* bei *Samsara* am Fluss neben den drei Brücken.

Die bekanntesten **Diskotheken** sind:
K4, Kersnikova 1, ☎ 1 31 32 82. Diskoclub im Zentrum zwischen Mikosiceva und Slovenska.

Eldorado, Nazorjeva 6, ☎ 1 26 21 26. Tagsüber Bistro, nachts Disko und Livemusik bis 4 Uhr früh.

Babilon, Kongresni trg 2, ☎ 21 43 36. Beliebte Diskothek am „Stern".

Ausflug

Auf Plečniks Spuren

Der *Friedhof Žale (Pokopališče Žale)* nordöstlich der Stadt wurde von Jože Plečnik in den Jahren 1938 bis 1940 angelegt. Man betritt die Totenstadt durch ein imposantes, von zweistöckigen Kolonnaden flankiertes Portal. Die nach den Schutzheiligen der einzelnen Stadtpfarreien benannten Aufbahrungskapellen zeigen die ganze Vielfalt der von Plečnik beherrschten architektonischen Formen.

Im Stadtteil *Šiška* an der von Jesenice herführenden Straße, einer Arbeitervorstadt, ist ein weiteres Werk Plečniks zu sehen, die *Kirche des heiligen Franziskus (cerkev sv. Frančiška),* ein monumentaler Bau in klassizistischen Formen, der Glockenturm besteht aus zwei runden Kolonnaden-Stockwerken.

In dem südlich der Stadt am Rand des Moors Ljubljansko barje gelegenen Dorf Črna Vas baute Plečnik von 1937 bis 1939 die schlichte Hallenkirche *St. Michael (cerkev sv. Mihaela).* Er kombinierte auch hier Stein und Ziegeln, die Säulen sind Betonröhren der städtischen Kanalisation, den Glockenturm hat der Architekt nach Vorbildern aus dem Karst gestaltet.

*Maribor

Zwischen Weinbergen und Wäldern

Die zweitgrößte Stadt Sloweniens ist nur 16 km von der österreichischen Grenze entfernt, sie breitet sich zu beiden Ufern der Drau zwischen den Rebhügeln der Slovenske gorice (Windische Büheln) und den Wäldern des Pohorje-Gebirges (Bachern) aus. Hier treffen sich uralte Verkehrswege: die Drau, die die erzreichen Zentralalpen mit dem Donauraum verbindet, und die Landwege zwischen den Ostalpen und der Adriaküste. Vor allem die Flussschifffahrt ließ die mittelalterliche Siedlung zu einem wichtigen Handelsknotenpunkt werden. Heute ist Maribor mit seinen rund 104 000 Einwohnern eine Industriestadt (Textilien, Metallwaren, Fahrzeuge), der wirtschaftliche und kulturelle Mittelpunkt Ostsloweniens und nach Ljubljana die zweite Universitätsstadt der Republik. Viel Freizeitwert erhält die Stadt durch das nahe Pohorje-Gebirge mit seinen Wanderwegen und Skigebieten.

Blick über die Drau auf die Floßlände, die Altstadt und den Dom

Die 1743 errichtete Mariensäule auf dem Hauptplatz von Maribor

Geschichte

Die Stadt hat ihren deutschen Namen Marburg an der Drau von der mittelalterlichen Marchpurk auf dem heute „Piramida" genannten Hügel. Die Burg sollte die Grenzmark vor den Einfällen der Ungarn schützen. Am Fuß des Hügels entstand dann die 1164 erstmals erwähnte Siedlung, die 1254 Stadtrechte erhielt. Schon bald reichten die Handelsverbindungen bis Oberitalien, Dubrovnik und Prag. Bis 1945 bestand Marburgs Mittel- und Oberschicht, Kaufleute, Handwerker und Beamte,

Seit 400 Jahren trägt die älteste Weinrebe Europas blaue Trauben

hauptsächlich aus Deutschen. Die Altstadt hat noch heute einen von diesem deutschsprachigen Bürgertum geprägten Charakter, während die Neustadt, besonders am rechten Drauufer, alle Merkmale der Industrialisierung im 19. und 20. Jh. trägt.

Tipp! Wenn man vom rechten, neustädtischen Drauufer über den Fluss blickt, bietet sich ein prächtiges **Altstadtpanorama,** im Hintergrund die Weinberge des *Pyramidenbergs (Piramida)* rechts und des *Stadtbergs (Mestni vrh* oder *Kalvarija)* links.

Stadtbesichtigung

Entlang der Drava

Man beginnt die Stadtbesichtigung am besten an der **Alten Draubrücke ❶**, wo am linken Ufer als Rest der Stadtbefestigung der fünfeckige **Wasserturm** *(Vodni stolp)* ❷ (auch Celigi-Turm) von 1555 steht.

 In der **Vinothek** im Wasserturm kann man slowenische Weine kaufen.

Der benachbarte *Judenturm (Židovski stolp)* von 1465 war der Beitrag der im umliegenden Ghetto lebenden jüdischen Gemeinde zur Stadtbefestigung, man hat darin eine Fotogalerie eingerichtet. Die nahe gelegene *Synagoge* wurde nach der Vertreibung der Juden 1501 in eine Allerheiligenkirche und 1785 in ein Lagerhaus umgewandelt.

Bei schlechtem Wetter

In der Stadtburg von Maribor ist ein **Regionalmuseum** *(Pokrajinski muzej)* mit interessanten Sammlungen untergebracht. Hervorzuheben sind die volkskundliche Abteilung mit einer guten Übersicht über die alpenländische und pannonische Kultur und die Kostümsammlung. (⊙ Di–Sa 9–13, So 10–12 Uhr).

Weiter flussaufwärts kommt man zum massigen runden **Gerichtsturm** *(Sodni stolp)* ❸ von 1310. An diesem Teil der Drauufers legten die Flöße und Lastkähne an, die Waren wurden hier gestapelt und feilgeboten, die Flöße aufgelöst und die Stämme verkauft. Die einstige Floßlände heißt noch immer „Lent", sie ist nach der Sanierung mit ihren Cafés und Gaststätten zu einem Treffpunkt für Jung und Alt geworden. Hier steht auch das zur Zeit geschlossene Gasthaus *Stara trta* („Alte Rebe"), an dessen Hausmauer sich die älteste Weinrebe Europas emporrankt; ihr 400 Jahre alter Stamm trägt noch immer blaue Trauben.

 Wenige Schritte entfernt verkauft die **Galerie „Iskra"** Vasen und Gläser aus kunstvoll geschliffenem slowenischem Kristall in traditionellem und modernem Design.

*Glavni trg

Von der alten Draubrücke kommt man geradeswegs zum *Glavni trg* ❹, dem Hauptplatz, auf dem sich die *Mariensäule* erhebt, im Jahr 1743 von Joseph Straub zur Erinnerung an die Pestepidemie von 1680 geschaffen.

Die spätbarocke *Aloysiuskirche* ist durch ein schmiedeeisernes Gitter mit dem Platz verbunden. Auf seiner Nordseite befindet sich das aus dem frühen 16. Jh. stammende ehemalige *Rathaus,* von den Einheimischen „Rotovž" genannt, heute eine Kunstgalerie.

Slomškov trg

Den nach dem ersten Marburger Fürstbischof Anton Martin Slomšek benannten Platz *Slomškov trg* ❺ dominiert der *Dom St. Johannes der Täufer (Sveti Janez Krstitelj)*, eine einschiffige romanische Kirche von 1189, die im 13. Jh. erweitert, 1521 mit einem gotischen Chor versehen und im 19. Jh. gotisiert wurde. Auf der Nordseite des Platzes schmücken Theaterplakate das ehrwürdige Schauspielhaus *Narodno gledališče.*

Ganz in der Nähe lädt die von alten Häusern gesäumte Einkaufsstraße **Gosposka ulica** zum Bummeln ein.

Die *Stadtburg

Das Befreiungsdenkmal vor der barocken Stadtburg

Östlich der *Gosposka ulica* erreicht man den *Grajski trg* ❻, den Schlossplatz mit der *Stadtburg (Mestni grad)*. Als Teil der Stadtbefestigung 1478 errichtet, wurde sie von dem italienischen Architekten Domenico dell'Allio im 16. Jh. erweitert. Nachdem im 17. Jh. die Türkengefahr überstanden war, stieg die Burg zur Residenz auf und erhielt ein prächtiges Treppenhaus und einen schönen Rittersaal.

Trg svobode

Auf dem anschließenden *Trg svobode* ❼, dem Freiheitsplatz, steht seit 1975 das Denkmal des Befreiungskampfs

❶ Alte Draubrücke
❷ Wasserturm
❸ Gerichtsturm
❹ Glavni trg
❺ Slomškov trg
❻ Grajski trg
❼ Trg svobode

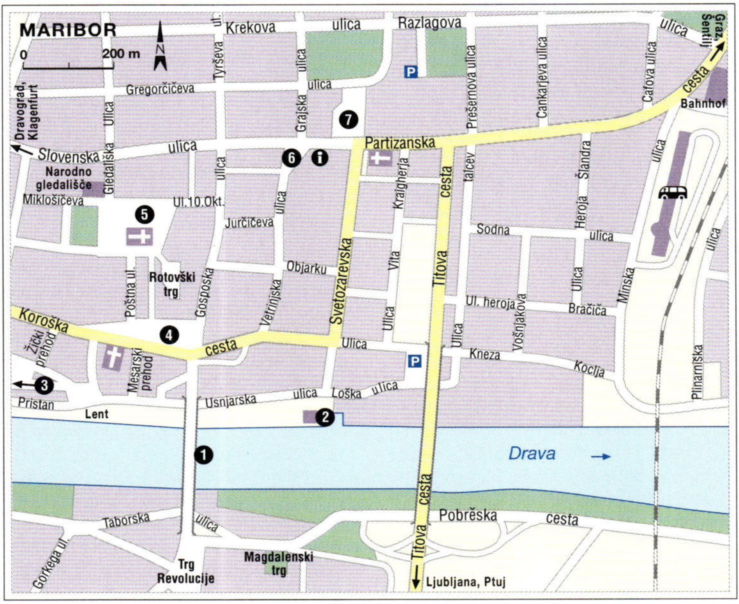

von 1941 bis 1945 mit seinen raffiniert verfremdeten Bildnissen der Revolutionäre und Partisanenhelden. Unter dem Platz befindet sich ein *Weinkeller (Vinska klet),* der größte Europas. Er ist allerdings nur für Gruppen zugänglich, Führungen werden vom Fremdenverkehrsamt organisiert.

Tipp Freunde zeitgenössischer Architektur können sich den futuristischen, Ende der achtziger Jahre erbauten **Autobusbahnhof** *(Autobusna postaja)* im Osten der Stadt anschauen.

Praktische Hinweise

 MATIC (Mariborski Turistično informacijski center), 2000 Maribor, Glavni trg 15, ☎ 0 62/21 12 62, 📠 2 52 71. Touristische Auskünfte, Zimmervermittlung.

🚆 Graz, Dravograd, Ljubljana, Zagreb.
🚌 Nach allen Richtungen.
🚠 Pohorje-Gondelbahn (1050 m).

 Piramida, Ulica heroja Šlandra 10, ☎ 2 59 71, 📠 2 59 84. Modernes Hotel in der Nähe des Autobusbahnhofs. ⑤⑤
Habakuk, Pohorska cesta 59, ☎ 3 00 81 00, 📠 3 00 81 28. Luxus unter dem Pohorje-Gebirge mit Thermalbad und riesigem Gesundheits- und Sportprogramm. ⑤⑤⑤
Orel, Grajski trg 3, ☎ 2 61 71, 📠 2 84 97. Älteres, sympathisches Stadthotel am Schlossplatz. ⑤
Garni Hotel Tabor, Ulica heroja Zidanšla 18, ☎ 10 42 24, 📠 10 42 25. Einfaches Hotel. ⑤

 Arte, Splavarski prehod 5, ☎ 22 22 09. Anspruchsvolles Lokal mit Kunstgalerie. ⑤⑤
Hugo, Limbuško nabrežje 10, ☎ 10 34 72. Im Vorort Limbuš mitten im Wald; steirische Küche. ⑤⑤
Štajerc, Vetrinska 30, ☎ 2 19 89. Untersteirische Spezialitäten. ⑤
Pri treh ribnikih, Ribniška 3, ☎ 21 13 71. Angenehmes Gartenlokal unterhalb des Pyramidenbergs. ⑤

Schober, Taborska 12, ☎ 3 14 94. Am rechten Ufer bei der alten Draubrücke; Fisch und Pferdefleisch. ⑤

Ausflüge

Pohorje

Von Maribor aus führt eine Seilbahn hinauf zum Hotel Bellevue (1050 m) im östlichen Teil des Bergstocks Mariborsko Pohorje (Bacherngebirge). Im Sommer ist es ein schönes Wandergebiet, im Winter ein durch Schlepplifte erschlossenes Skirevier; für Langläufer sind Loipen gespurt. Auf einem der Gipfel steht die Wallfahrtskirche *Sveti Areh* (St. Heinrich) aus dem 17. Jh. Ein Wanderweg verläuft am Bachern-Kamm entlang nach Westen zur Pesek-Hütte (Dom na Pesku) unter der 1517 m hohen *Rogla* (Berghütte Koča na Rogli), zu der auch eine Straße hinaufführt, und weiter zum *Črni vrh* („Schwarzer Gipfel"; 1543 m) mit einem großartigen Blick von den Karawanken bis zu den Ausläufern der ungarischen Tiefebene.

Pohorje-Rundfahrt (147 km)

Man fährt das Drautal hinauf nach Westen entlang des Stausees *Mariborsko jezero* (Schwimmbad, Motel, Campingplatz) nach *Bresternica.* Von *Selnica* aus kann man einen Abstecher nach *Ruše* machen, zur barockisierten Pfarrkirche St. Maria von 1387 mit einem Freskenzyklus des Marienlebens (1721). Man kommt nun in die Landschaft *Koroška,* das Miestal im slowenischen Kärnten. Über *Radlje* (Abzweigung ins Pohorje-Gebirge) und *Muta* fährt man nach *Dravograd (Unterdrauburg),* einem malerischen Städtchen. Bei der Weiterfahrt südlich um das Pohorje herum gelangt man zum Hauptort von Koroška, *Slovenj Gradec (Windischgrätz)* mit einem schönen Marktplatz. Im Tal der *Mislinja (Mies)* aufwärts begleiten dichte Wälder die Straße. Über *Slovenske Konjice (Gonobitz)* und die kleine Industriestadt *Slovenska Bistrica* (Windisch-Feistritz; s. S. 73) fährt man zurück nach Maribor.

**Der Triglav-Nationalpark

Einer der faszinierendsten Bergstöcke der Ostalpen: die Julier

Zlatorogs Paradies

Die Julier sind einer der eindrucksvollsten Gebirgsstöcke der Alpen und das Kronjuwel des an landschaftlichen Schönheiten reichen Slowenien. Naturliebhaber, Bergsteiger und Naturforscher aus ganz Europa erkannten das bald und schon 1908 forderte der Geologe Albin Belar die Gründung eines Naturschutzgebiets, das 1981 schließlich in seiner heutigen Größe als Triglav-Nationalpark (Triglavski narodni park) eingerichtet und nach dem höchsten Gipfel, dem 2863 m hohen Triglav, benannt wurde.

Der Nationalpark ist 84805 Hektar groß, er liegt nahe dem Dreiländereck zwischen Slowenien, Italien und Österreich. Zum Park gehören die Hochgebirgskämme der Julier mit ihren Gipfeln und die tief eingeschnittenen Gletschertäler, dazu die Hochebenen Pokljuka und Mežakla im Osten.

Der Triglav-Nationalpark ist reich an Wasserfällen: Boka im Sočatal

Das Gebirge besteht durchwegs aus Kalkgestein, unter dem Einfluss von Wasser, Frost und Hitze haben sich typische Erscheinungen des Hochkarsts gebildet wie Karrenfelder und Höhlen.

Im Nationalpark entspringen die Flüsse Save (Sava) und Soča (Isonzo), auf seinem Gebiet verläuft eine Wasserscheide zwischen dem Adriatischen (Soča) und dem Schwarzen Meer (Save). Von der Soča aus greifen im Westen die Täler Koritnica, Možnica, Bavšica, Zadnja Trenta, Zadnjica, Trenta, Lepena und Tolminka ins Massiv hinein, auf der Nordseite die zum Flussgebiet der Sava Dolinka gehörenden Täler Planica mit Tamar, Velika und Mala Pišnica,

In den Wänden und Wäldern des Nationalparks leben Steinböcke

Vrata, Kot, Krma und Radovna, und aus dem Talkessel von Bohinj fließt die Sava Bohinjka, die sich bei Radovljica mit der Sava Dolinka zur Save vereint.

In die Hochflächen sind wie Edelsteine kleine Seen eingebettet, darunter die Sieben Triglav-Seen. Unter den zahlreichen Wasserfällen sind die bekanntesten der 78 m hohe Savica-Fall oberhalb des Sees von Bohinj, der zweigeteilte Peričnik (52 und 16 m) im Vrata-Tal und der Šum in der Vintgar-Klamm.

Zahlreiche Schluchten wurden von den Wasserläufen ausgehöhlt; besonders interessant sind die Mlinarica, die Klammen der Soča und der Koritnica, die Vintgar-Klamm bei Bled und die Schluchten der Tolminka.

Naturschutz

Die Region der Julischen Alpen wird seit Jahrhunderten von Menschen bewohnt und durch Land- und Forstwirtschaft als Weideland und den Tourismus wirtschaftlich genutzt. Naturschutz ist also nicht überall im gleichen Ausmaß möglich und man hat deshalb den Nationalpark in zwei Zonen geteilt: Im Kerngebiet herrschen strenge Naturschutzbestimmungen, im äußeren sind sie abgeschwächt. Letzteres umfasst die tieferen Lagen der Täler (Koritnica, Trenta, Tolminka, Radovna), Siedlungen, Wintersportgebiete (Vogel, Zatrnik) und bewaldete Hochflächen (Mežakla, Pokljuka). Auf der Karte auf den Seiten 42 und 43 sind die Grenzen des äußeren Schutzgebiets eingezeichnet.

Flora und Fauna

Auf dem Kalkboden gedeiht eine reiche Alpenflora, darunter viele endemische Arten wie die Zois-Glockenblume, der Mehrblättrige Bärenklau, der Julische Mohn und die Wocheiner Schwertlilie.

Im Hochgebirge leben Gemsen, Steinböcke und Mufflons, in den Wäldern

Hirsche, und manchmal lassen sich auch Bären sehen. Besonders geschützt sind Auerhuhn, Steinadler, Siebenschläfer und Alpenmurmeltier. In den Felsen halten sich häufig Schlangen verborgen: die harmlose Schlingnatter, die Schwarze Kreuzotter und die Hornviper, die größte Giftschlange Mitteleuropas. In der Soča lebt eine endemische Forellenart.

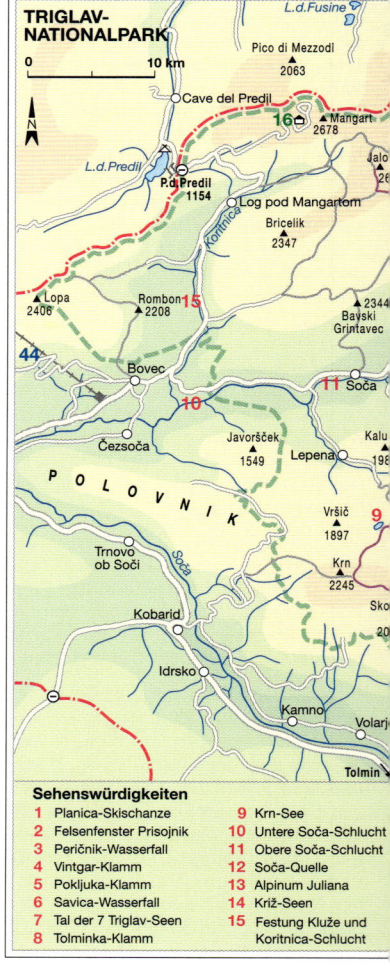

Sehenswürdigkeiten

1	Planica-Skischanze	9	Krn-See
2	Felsenfenster Prisojnik	10	Untere Soča-Schlucht
3	Peričnik-Wasserfall	11	Obere Soča-Schlucht
4	Vintgar-Klamm	12	Soča-Quelle
5	Pokljuka-Klamm	13	Alpinum Juliana
6	Savica-Wasserfall	14	Križ-Seen
7	Tal der 7 Triglav-Seen	15	Festung Kluže und
8	Tolminka-Klamm		Koritnica-Schlucht

Wetterverhältnisse

Die Niederschläge in den Julischen Alpen sind häufig und reichlich, besonders im November und in den Sommermonaten. Auch an Schneefällen in der kälteren Jahreszeit herrscht kein Mangel. Im Hochgebirge kann sich das Wetter oft schlagartig verändern. Während die Südhänge sonnig und

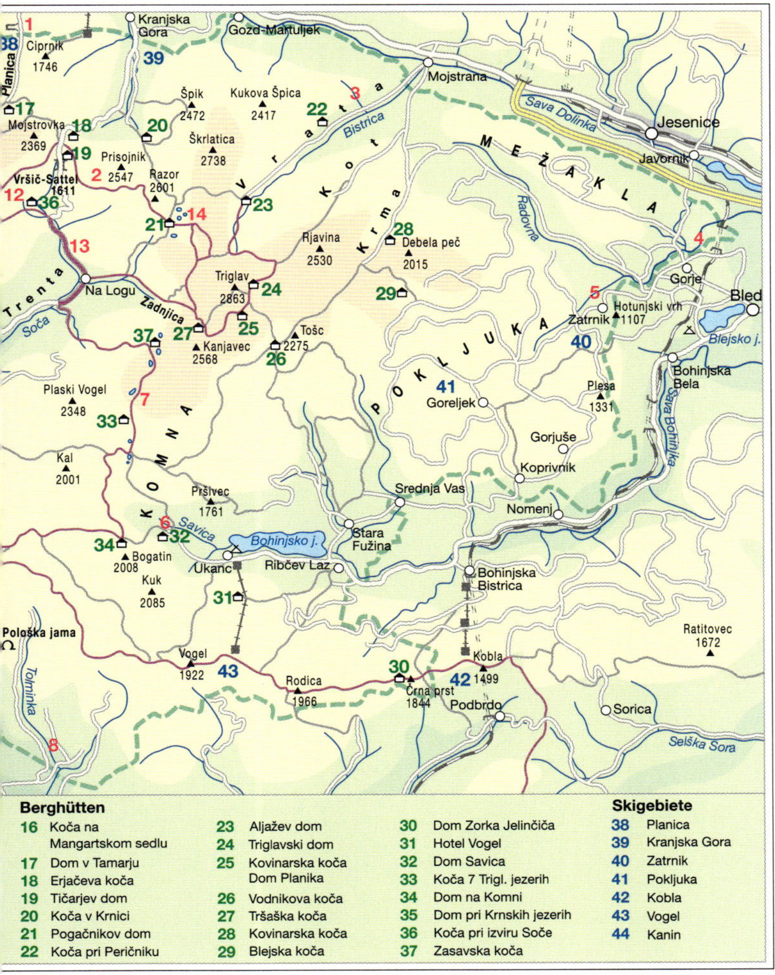

Kranjska Gora
Gozd-Martuljek
38 Ciprnik
1746
39
Mojstrana
Sava Dolinka
Jesenice
Špik **Kukova** Špica **22**
2472 2417
Bistrica
Javornik
17
Mojstrovka **18** **20** Škrlatica
2369 2738
M E Ž A K L A
19 Prisojnik
Vršič-Sattel **2** 2547 Razor
12 1611 2601
36
21 **14** **23**
13
Rjavina **28** Debela peč
2530 2015
4
Na Logu Žadnjica Triglav **24**
2863 **29**
Gorje
5 Hotunjski vrh
Bled
Zatrnik 1107
37 **27** **25** Tošc
Kanjavec **26** 2275
2568 **40**
Blejsko j.
P O K L J U K A
Plaski Vogel **41** Plesa
2348 Goreljek 1331
Bohinjska
33 Bela
Gorjuše
Kal K
2001 O Koprivnik
M
Prišvec N Srednja Vas
1761 A Nomenj
6 32
34 Savica Stara
Bogatin Bohinjsko j. Fužina
2008 Ukanc Ribčev Laz
Kuk Bohinjska
2085 **31** Bistrica
Polška jama Ratitovec
1672
Vogel **30**
1922 **43** Rodica **42** 1499
1966 Črna prst Sorica
1844 Podbrdo
8 Selška Sora
Tominka
Kobla

Berghütten					**Skigebiete**
16	Koča na Mangartskom sedlu	**23**	Aljažev dom	**30**	Dom Zorka Jelinčiča	**38** Planica
17	Dom v Tamarju	**24**	Triglavski dom	**31**	Hotel Vogel	**39** Kranjska Gora
18	Erjačeva koča	**25**	Kovinarska koča Dom Planika	**32**	Dom Savica	**40** Zatrnik
19	Tičarjev dom	**26**	Vodnikova koča	**33**	Koča 7 Trigl. jezerih	**41** Pokljuka
20	Koča v Krnici	**27**	Tršaška koča	**34**	Dom na Komni	**42** Kobla
21	Pogačnikov dom	**29**	Blejska koča	**35**	Dom pri Krnskih jezerih	**43** Vogel
22	Koča pri Peričniku			**36**	Koča pri izviru Soče	**44** Kanin
				37	Zasavska koča	

frühen Nachmittag zu richtigen Wol-kenbergen auswachsen. Sie entladen sich schnell mit Massen von Wasser, mit Blitz und Donner.

Tipp Es ist unbedingt ratsam, Tou-ren schon früh am Morgen zu unternehmen, so dass man zur Gewit-terzeit wieder zurück im Tal oder in der schützenden Hütte ist. Auch vor den oft heftigen Stürmen sollten sich Wan-derer in Acht nehmen!

warm sind, hüllen sich die Nordhänge in Nebel und Kälte. Die Temperaturen können bis zu 10 Grad innerhalb einer halben Stunde fallen und urplötzlich auftretende Schneestürme sind keine Seltenheit. Herrscht Föhn, steigen die Temperaturen heftig an. Im Winter be-deutet das erhöhte Lawinengefahr.

Im Sommer können plötzlich lokale Gewitter mit Blitzschlägen aufkom-men, die aber schnell wieder vorüber-gehen. Am Mittag sieht man über den Gipfeln einzelne Wolken, die sich am

Viehwirtschaft

Wie in anderen Alpenregionen lebt die bäuerliche Bevölkerung der sloweni-schen Berge hauptsächlich von der Viehwirtschaft. Besonders in den Juli-schen Alpen wurden deshalb die Wie-sen und Matten in höheren Lagen als Almen genutzt: Die Bauern trieben ihr Vieh im Frühsommer auf die Hochwei-den, im Herbst wieder zurück in die Dörfer. Auf den Almen, die meist von ganzen Dorfgemeinden betrieben wur-den, erzeugten die Sennen aus Kuh-

Zlatorog und der goldgierige Jäger

Um den heiligen Berg der Alpenslawen, den dreiköpfigen Triglav, hat die Phan-tasie der Hirten und Jäger aus den um-liegenden Tälern viele Sagen gespon-nen. Die schönste ist wohl die vom weißen Gamsbock mit den goldenen Krickeln, dem Zlatorog – *zlato* heißt Gold und *rog* das Horn. Früher, so be-richtet die Sage, war die heute karstige Hochebene der Komna ein üppiges Pa-radies, beherrscht von den gütigen Weißen Frauen. Sie hüteten eine Herde weißer Gemsen mit dem Leittier Zla-torog. Auf diesen König der Felsen-reiche hatten es Jäger und Wilderer abgesehen, denn es hieß, dass seine goldenen Hörner Schlüssel zu den un-ermesslichen Schätzen im Berg Boga-tin, dem „Reichen", seien.

Ein armer Bursche aus dem Trentatal hoffte, mit diesem Reichtum die Liebe

eines schönen Mädchens aus wohlha-bender Familie gewinnen zu können. Der junge Jäger stellte also dem Zla-torog nach und als er in einer Fels-wand zum Schuss kam und auch traf, erblühte aus den Blutstropfen der Wunde eine wundersame rote Blume, die dem zu Tode verletzten Gemsbock neues Leben gab. Er stürzte sich auf den Burschen und die goldenen Hörner stießen den Unglücklichen in die Tiefe. Seine Leiche wurde im nächsten Früh-jahr von den Wassern der Soča ins Tal getragen.

Als die Hirten wieder in die Berge hi-naufzogen, fanden sie statt der safti-gen Weiden nur noch kahle Kalkfelsen. Die Weißen Frauen hatten die Almen verlassen, enttäuscht von der Gier der Menschen nach Gold. Auch Zlatorog wurde nie wieder gesehen.

milch Butter und Käse, auf den Schafalmen Käse. Heute sind viele Almen verlassen, wirtschaftlich lohnend sind fast nur noch die Schafweide und die Erzeugung von Schafskäse.

Die alten Bauernhäuser, Sennhütten und Viehstallungen im Norden und Osten der Julischen Alpen ähneln denen der Alpenländer, die südlichen und westlichen zeigen friaulischen und mediterranen Einfluss.

Tourismus im Nationalpark

Der Triglav-Nationalpark bietet seinen Besuchern das Erlebnis einer großartigen Hochgebirgswelt, Erholung und vielerlei Sportmöglichkeiten wie Bergsteigen, Wandern, Winter- und Wassersport (siehe „Urlaub aktiv", S. 23). Die wichtigsten Zugänge und Stützpunkte dafür sind die Fremdenverkehrsorte Bled (s. S. 47), Kranjska Gora (s. S. 60), Bohinj (s. S. 50) und Bovec (s. S. 62).

Der Nationalpark ist durch viele gesicherte und markierte Wanderwege und Klettersteige erschlossen. Die Markierung besteht aus einem weißen Kreis mit rotem Rand. In den Bereichen von Kranjska Gora und Bovec sind die Wanderwege numeriert, man kann sie aus den Wanderkarten der örtlichen Touristenbüros ersehen.

Rund 170 Berghütten und Biwaks bieten Übernachtungsmöglichkeiten, in vielen bewirtschafteten Berghütten erhält man normalerweise von Anfang Juli bis Anfang oder Mitte September landesübliche einfache Verpflegung. Die Bergsteiger sind angehalten, ihre Abfälle selbst wieder ins Tal hinunter mitzunehmen. Die meisten Hüttenwirte sprechen Deutsch oder Englisch.

 Nationalpark-Verwaltung (Tri-glavski narodni park), Kidričeva 2, 4260 Bled, ☎ 0 64/74 11 88.
Karten: Juljiske Alpe (Ost und West, jeweils 1 : 50 000), Triglavski narodni park (1 : 50 000); alle beim Slowenischen Alpenverein, s. S. 23, erhältlich.

Denkmal der Triglav-Erstbesteiger in Ribčev Laz am Bohinj-See

In den Juliern: großartige Bergerlebnisse auf Schritt und Tritt

Route 1

Seite 49

Von den Karawanken nach Ljubljana

Jesenice (– **Bled – **Bohinj) – Kranj (– **Škofja Loka) – **Ljubljana (64 km)

Vor dem aus Kärnten kommenden Reisenden öffnet sich am Ausgang des Karawankentunnels die slowenische Alpenlandschaft. Die Fahrt geht durch das obere Tal der Save, vorbei an den mächtigen Gipfeln der Julier. Auf dem Weg in die slowenische Hauptstadt Ljubljana liegen malerische, gut erhaltene kleine Städte. Abstecher führen zu landschaftlichen Kostbarkeiten wie den Alpenseen von Bled und von Bohinj. Mit dem eigenen Wagen kann man die Strecke samt Bled und Bohinj in einem Tag schaffen. Von Jesenice aus kommt man auch mit der Eisenbahn (74 km) und mit lokalen Omnibussen in die slowenische Hauptstadt.

Vom Karawankentunnel zum Blejsko jezero

Der Karawankentunnel ist das Haupteinfallstor für Reisende aus Deutschland und Österreich nach Slowenien und zur Ostküste der Adria. Der knapp 8 km lange Straßentunnel führt parallel zum Eisenbahntunnel durch die Karawanken. Beim Dorf *Hrušica* treten beide ins enge Tal der Sava Dolinka (Wurzener Save). Hier gehen Autobahn und Landstraße weiter nach Südosten. Langsamer, aber auch reizvoller fährt sich's auf der Landstraße (Straße 1).

Jesenice

Die Straße 1 erreicht als erstes die Industriestadt Jesenice (*Assling;* 585 m;

19 000 Einw.) mit ihren Hochöfen, wo seit der Römerzeit bis heute Eisen verarbeitet wird. Die typische Arbeitersiedlung des 19. und 20. Jhs. ist auch Grenzbahnhof der von Salzburg über Villach in Kärnten nach Ljubljana und Zagreb führenden Tauernbahn.

Bei der Weiterfahrt von Jesenice über Lesce nach Bled sieht man im Nordosten den höchsten Karawankengipfel, den 2237 m hohen Hochstuhl (slow. Stol), im Westen die Vorberge der Julischen Alpen, dahinter taucht bei klarem Wetter der „König der Julier", der 2863 m hohe Triglav, auf.

Tipp Beim Industrieort *Lesce,* 17 km, befindet sich das **Alpenflugcenter** (Alpski letalski center), von dem aus Rundflüge über die Umgebung veranstaltet werden.

**Blejsko jezero

Der vom Wocheiner Gletscher geschaffene, nach dem Ort Bled benannte See ist rund 2000 m lang, 1000 m breit und bis zu 31 m tief. Er wird von warmen Quellen gespeist und erreicht deshalb im Sommer angenehme Temperaturen zwischen 18 und 24 °C, nur in kalten Wintern friert er zu. Mitten im See trägt ein Inselchen die Wallfahrtskirche Mariä Himmelfahrt. Der aus fünf Dörfern zusammengewachsene Ort Bled und die meisten Hotels stehen am Ostufer.

Ausflüge von Bled

Ein reizvolles Ausflugsziel bei Bled ist die vom Wildbach Radovna geschaffene *Vintgar-Klamm (Parkplatz am oberen Eingang; 1600 m lang), die man auf Stegen und Brücken aus Holz durchwandern kann. Einen schönen Rundblick verspricht der Aussichtsberg **Babji zob** („Weiberzahn"; 1128 m) mit seiner markanten Felsspitze in der Nähe von Bohinjska Bela.

Bled

Der Luft- und Thermalkurort liegt in 501 m Höhe und hat 5600 Einwohner. Das Gebiet war schon in der Jungstein- zeit besiedelt; aus der Hallstattzeit hat man ein ganzes Gräberfeld entdeckt. Im 7. Jh. kamen Slawen hierher. Kaiser Heinrich II. schenkte den Landstrich im Jahr 1004 den Tiroler Bischöfen von Brixen. Bei der Säkularisation von 1803 fiel er an Österreich, er wurde unter dem Namen Veldes 1856 Kurort, als der Schweizer Arnold Rikli hier sein Naturheilverfahren einführte. Beson- ders nach dem Zweiten Weltkrieg er- lebte Bled eine Entwicklung zum mon- dänen Kurort am Osteingang zum Triglav-Nationalpark (s. S. 41).

Hoch über dem See: die Burg Bled

Blejski grad

Am Nordufer des Sees erhebt sich ein 139 m hoher, steiler Felsen mit der Burg *Blejski grad* aus dem 16. Jh. Man hat von oben aus eine prächtige Aus- sicht auf den See und die Berge, in einem der Räume ist eine archäologi- sche und historische Sammlung zu se- hen (◷ tgl. 8–20 Uhr).

Zur Burg führen ein 20-minütiger Fuß- weg und eine Straße, romantisch ist die Fahrt hinauf mit der Pferdekutsche.

Mit überdachten Gondeln fährt man zur Insel hinüber

Fahrt mit dem Museumszug

Von einer ehrwürdigen Dampflokomo- tive gezogen, fährt ein Museumszug mit alten Waggons während der Saison (Mitte Juni bis Mitte September) am Ostrand der Julischen Alpen entlang bis ins Tal der Soča. Der Zug wird in Jese- nice (s. S. 46) oder im österreichischen Ferienort Faak am See eingesetzt, er hält auf den Bahnhöfen Bled-Jezero hoch über dem Westufer des Sees, in Bohinjska Bistrica vor dem 6300 Meter langen Tunnel unter dem Skiberg Kobla, dann in Podbrdo am südlichen Tunnelausgang und schließlich an der Südseite des Triglav-Nationalparks an der Station Most na Soči bei Tolmin (s. S. 62). Die erlebnisreiche Fahrt auf der kühn angelegten Strecke mit vielen Tunnels und Viadukten dauert von Bled bis Most na Soči etwa 45 Minu- ten, die Rückfahrt eine Viertelstunde länger, weil es immer wieder steil bergauf geht.

Informationen und Fahrkarten erhält man bei den Reisebüros in Bled und Bohinj, Auskünfte über den Fahrplan und die Verkehrszeiten auch bei Slo- venijaturist, Slovenska 58, 1000 Ljub- ljana, ☎ 0 61/31 42 84, 📠 32 88 84.

1

Seite 49

 Restaurants Krim, Blejski grad, ☎ 74 12 30. Gehobenes Restaurant auf der Burg. Man speist in historischem Ambiente mit einem herrlichen Seeblick. Ⓢ))

Otok Bled

Um zur Otok Bled, der Insel im See, zu gelangen, kann man ein Boot mieten oder ganz stilvoll die „Plätten" (slow. *pletnja*), überdachte Gondeln, die von Bootsmännern mit Stehrudern gesteuert werden (Abfahrt beim Casino), benutzen. Auf der Insel befand sich einst eine Kultstätte der slawischen Fruchtbarkeitsgöttin Živa und seit dem 8. Jh. eine Holzkirche.

Wünsche frei

Im Glockenturm der heutigen Kirche *Mariae Himmelfahrt (cerkev Marijinega vnebovzetja)* aus dem 17. Jh. auf der Otok Bled hängt eine Wunschglocke. Wenn man an ihrem Seil zieht, soll nach altem Glauben fast jeder dabei gedachte Wunsch in Erfüllung gehen.

 Otok Bled, ☎ 77 820. Hübsches Speiselokal auf der Insel mitten im See. Ⓢ

 Tipp Eine romantische Stimmung herrscht beim **Lichterfest** am dritten Julisonntag, wenn See, Insel und Burg im Glanz von Fackeln und Feuerwerk erstrahlen.

Für Aktive: Das Sport- und Freizeitangebot rund um den Blejsko jezero ist groß, darunter ein Golfplatz und eine Kunsteisbahn. Die nächstgelegenen **Skigebiete** sind Straža (Schlepplift, Sessellift) südöstlich des Sees, Zatrnik im Osten des Pokljuka-Plateaus (Sessellift, 4 Schlepplifte) und die Pokljuka selbst. **Wanderer** können den See auf Panoramawegen umrunden (1 1/2 Std.) und die Aussichtshügel Straža und Osojnica besteigen.

 Turistično društvo, Cesta svobode 15, 4260 Bled, ☎ 0 64/74 11 22, 🖷 74 15 55. Bahnhof Lesce: Jesenice/Villach (Salzburg, München), Ljubljana (Zagreb, Rijeka).
Bahnhof Bled-Jezero am Westufer: Museumszug (s. S. 47), Jesenice, Bohinjska Bistrica, Most na Soči. Busbahnhof im Zentrum; Bohinj, Jesenice/Kranjska Gora, Radovljica/Ljubljana.

 Vila Bled, Cesta svobode 26, ☎ 79 15, 🖷 74 13 20. Am Südufer des Sees; ehemalige Sommerresidenz des jugoslawischen Staatspräsidenten Tito. Ⓢ))
Grand Hotel Toplice, Cesta svobode 12, ☎ 79 10, 🖷 74 18 41. Älterer Bau am Ostufer mit herrlichem Blick über den See und Thermalbad. Ⓢ))
Kompas, Cankarjeva 2, ☎ 79 40, 🖷 7 73 68. Gemütliches Hotel in Bled unweit des Sees. Ⓢ
Ribno, Izletniška 44, ☎ 74 13 21, 🖷 74 11 84. Etwas außerhalb, sehr ruhige Lage am Wald. Ⓢ
Pension Mlino, Cesta svobode 45, ☎ 74 14 04, 🖷 74 15 06. Angenehmes Haus am Südufer des Sees. Ⓢ
Astoria, Prešernova 44, ☎ 74 11 44, 🖷 7 78 50. Einfache Pension in Bled, 300 m vom See entfernt. Ⓢ
Pension Alp, Cankarjeva 20 a, ☎ 74 16 14, 🖷 7 85 90. Ruhige Lage südlich von Bled. Ⓢ

△ **Zaka,** am Westufer, ☎ 7 73 25. Mit Restaurant und Supermarkt, Strand, Sportmöglichkeiten.
Šobec, an der Straße nach Lesce, ☎ 7 75 00, 🖷 7 80 70. An einer Schleife der Save schön gelegener, gut ausgestatteter Platz.

 Okarina, Riklijeva cesta 9, Bled, ☎ 74 14 58. Beliebtes Restaurant mit guter slowenischer Küche, untergebracht in einem schönen Bauernhaus. Ⓢ))

 Pristava, Cesta svobode 22, Bred. Passage mit Boutiquen und Sportgeschäften.

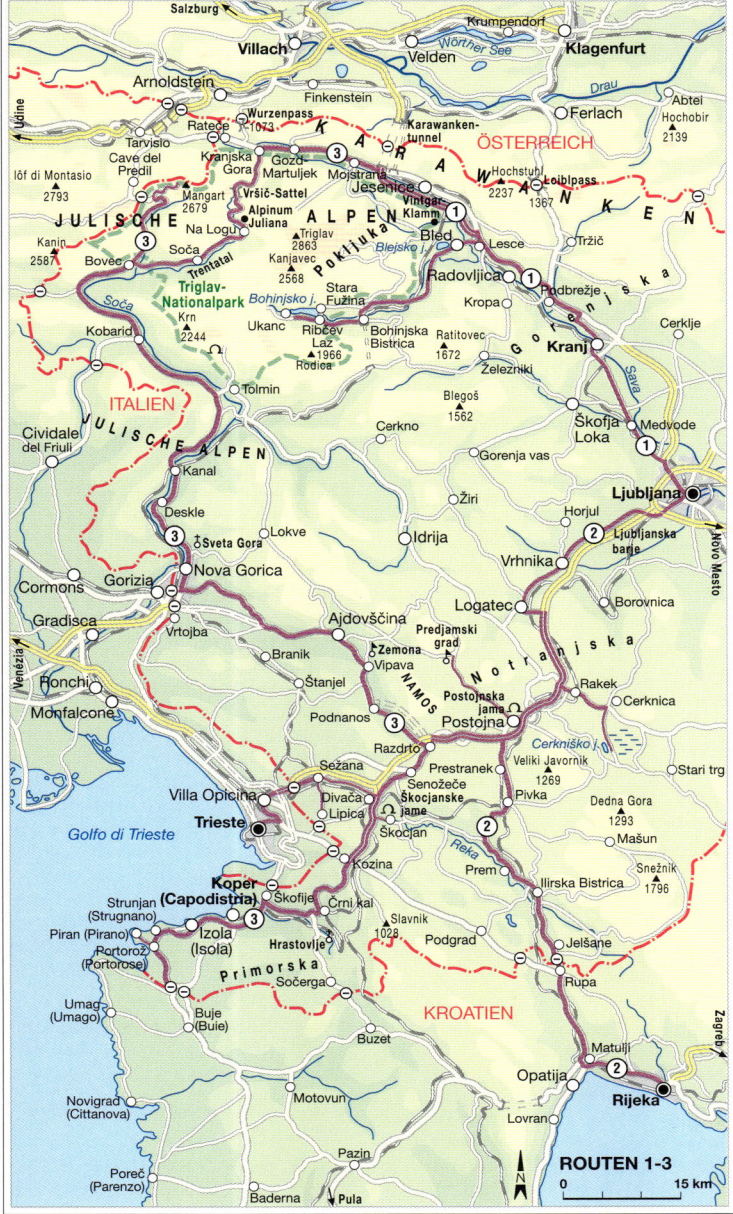

ROUTEN 1–3

0   15 km

1

Seite 49

Das **Bohinj–Tal

Von Bled fährt man am Südostufer des Sees entlang und hinein ins enge Waldtal der Sava Bohinjka (Wocheiner Save), in dem auch die ins Sočatal führende Bahnlinie verläuft. Bald öffnet sich das Kesseltal Bohinj (deutsch Wochein) und man kommt zum Hauptort *Bohinjska Bistrica (Wocheiner Feistritz),* 31 km.

Rund um den **Bohinjsko jezero

Die Gebirgslandschaft der Wochein ist ein von Bergen umstandener Kessel, der durch Einbruch entstanden ist. In ihm liegt der lang gestreckte Gletschersee *Bohinjsko jezero (Wocheiner See).* Er liegt 525 m hoch, ist 4,1 km lang, an der weitesten Stelle 1,2 km breit und bis zu 45 m tief. Die Wassertemperatur beträgt im Sommer bis zu 22 °C. In den Tälern östlich des Sees und an seinen Ufern liegen verstreute Siedlungen. Die Landschaft um den See ist weitgehend unberührt, sie gehört größtenteils zum Triglav-Nationalpark (s. S. 41).

Fährt oder spaziert man das Südufer des Sees entlang, erreicht man die barocke Kirche *Sveti Duh* (Heiliggeist) mit einem überlebensgroßen Fresko an der Fassade, das den heiligen Christophorus darstellt.

Am Ostende des Sees befindet sich der Ort *Ribčev Laz,* der touristische Mittelpunkt der Wochein. Neben dem Ausfluss der Sava Bohinjka aus dem See steht das romanische Kirchlein * *Sveti Janez Krstnik* (St. Johannes der Täufer), das mit eindrucksvollen Fresken aus dem 14. Jh. geschmückt ist.

Stara Fužina

Weiter nördlich kommt man zum Dorf *Stara Fužina (Althammer),* dessen Name sich von den alten Eisenhütten ableitet, in denen das meist mühsam mit Buckelkraxen aus der Umgebung zusammengetragene Erz verarbeitet wurde. 1891 war die Verhüttung endgültig unrentabel geworden, der letzte Schmelzofen wurde gelöscht. Stara Fužina besitzt auch ein Sennenmuseum mit interessanten Sammlungen zur Geschichte der Almwirtschaft.

Tipp Sehenswert sind auch die weiter östlich im Tal der Ribnica liegenden Dörfer **Studor** und **Srednja vas** mit alten Bauernhäusern, die als Museumsobjekte renoviert wurden.

Ukanc und der *Slap Savice

Am Westende des Sees liegt die Talstation der Gondelbahn hinauf zum 1540 m hoch gelegenen Hotel Vogel unter dem gleichnamigen Skiberg (1922 m) und das Dorf *Ukanc* mit Hotels, Pensionen und einem Campingplatz. Von hier aus geht eine Straße weiter ins Tal der Savica, an dessen Ende von einer Felswand der großartige Wasserfall *Slap Savice* 78 m tief in ein grünes Felsbecken hinabstürzt. Das Wasser entspringt einem 10 m höher gelegenen Karstloch.

Tipp **Für Aktive:** Eine schöne, etwa einstündige **Wanderung** in fast ungestörter Idylle führt vom Ostende des Sees entlang des Nordufers nach Ukanc. **Bergtouren** in die höheren Lagen des Nationalparks (Sieben Seen, Komna-Hochplateau, Bogatin, sogar bis zum Triglav) gehen von den Savica-Unterkunftshäusern unterhalb des Wasserfalls aus. Südlich des Wocheiner Tals gibt es zwei gut erschlossene **Skigebiete:** die Kobla (Sessellift von Bohinjska Bistrica, oben 5 Sessellifte, 5 Schlepplifte) und das Vogel-Gebiet (Gondelbahn zum Skihotel Vogel, von dort Sessellift zum 1800 m hohen Orlov rob, zum Vogel-Gipfel hinauf führen 3 Sessellifte und 5 Schlepplifte).

 Turistično informacijski biro, Ribčev Laz 50, 4265 Bohinjsko jezero, ☎ 0 64/72 33 70.

🚆 An der Strecke Jesenice–Nova Gorica.

 Jezero, Ribčev Laz 51, ☎ und 📠 72 33 75. Modernes Hotel am Ostende des Sees. $))

Zlatorog, Ukanc 64, ☎ 72 33 81, 📠 72 33 84. Komfortables Hotel am Westende des Sees, in der Nähe der Talstation der Vogel-Seilbahn. Ⓢ〉〉
Bellevue mit Dependance **Savica,** Ribčev Laz 65, ☎ 72 33 31, 📠 72 36 84. Älteres, aber gastliches Haus im Wald mit sehr schönem Blick auf See und Berge. Ⓢ〉
Pod Voglom, Ribčev Laz 60, ☎ 72 34 61, 📠 72 34 46. Einfaches Hotel am Südufer. Ⓢ
Ski, Ukanc, ☎ 72 14 71, 📠 72 34 46. Gastliche Pension am Westufer. Ⓢ

△ **Zlatorog,** Ukanc, ☎ 72 34 82. Sehr schön gelegener, gut ausgestatteter Platz am Westende des Sees.

 Neben den Hotelrestaurants gibt es einige ländliche Gaststätten, darunter das **Zoisov grad,** Grajska 14, ☎ 72 16 86, im ehemaligen Schloss des Barons Zois. Ⓢ〉

* Radovljica

Die Hauptroute vom Karawankentunnel nach Ljubljana erreicht 6 km nach Lesce das Städtchen *Radovljica.* Der kleine Industrieort mit rund 6000 Einwohnern liegt oberhalb des Zusammenflusses der Sava Dolinka und der Sava Bohinjka.

Im gut erhaltenen Stadtkern des alten Radmannsdorf aus dem 16. bis 18. Jh. drängen sich niedrige Häuser um die spätgotische Pfarrkirche St. Peter und um das barocke Schloss der Grafen Thurn-Valassina. In dem behäbigen Gebäude ist heute das * *Imkermuseum* untergebracht, das nicht nur über die Geschichte und Techniken der slowenischen Bienenzucht unterrichtet, sondern auch eine Sammlung der köstlichen Bienenbrett-Malereien (s. S. 18) enthält.

Kurz hinter Radovljica mündet bei Podbrežje die *Loiblpassstraße* ein, die direkte Verbindung zwischen Klagenfurt, der Hauptstadt Kärntens, und Ljubljana. Sie wurde 1728 auf der Trasse eines römischen Saumwegs gebaut,

Am Ostufer des Sees von Bohinj steht das Kirchlein St. Johannes

Kranj ist sowohl Industriestadt als auch ein beschaulicher Ort

Fresken schmücken viele Häuser des alten Škofja Loka

während des Zweiten Weltkriegs entschärfte man die steile Passhöhe (1368 m) durch einen 1,7 km langen Tunnel. Neben der Südrampe steht ein Denkmal für die Zwangsarbeiter, die beim Tunnelbau ums Leben kamen, Insassen des Lagers Ljubelj, einer Außenstelle des Konzentrationslagers Mauthausen in Oberösterreich.

Das Dorf der Schmiede

Hoch über dem Tal der Save (8 km von Radovljica) liegt das Dorf * Kropa, einst eine Ansiedlung von Eisenarbeitern. Noch vor dem Zweiten Weltkrieg schmiedeten in den kleinen Häusern Vater, Mutter und Kinder Nägel. Das * Schmiedemuseum (Kovaški muzej) dokumentiert die 500jährige Tradition dieses Handwerks in Kropa und die Technik der Eisengewinnung von der Antike bis heute. Kropa ist bekannt für seine Kunstschmiede-Erzeugnisse.

 Grad Podvin, 4240 Radovljica, ☎ 0 64/73 88 81, 🖷 73 88 85. Nobles Schlosshotel am südlichen Stadtrand, Schwimmbad und Reiterhof. ⑤⑤

 Avsenik, 4275 Begunje 21, ☎ 0 64/73 34 02. Ausflugsgaststätte (5 km) nahe der Burg Katzenstein mit guter einheimischer Küche; gelegentlich temperamentvolle Oberkrainer Musik. ⑤

Kranj

Im flachen Becken Kranjsko polje liegt *Kranj,* 40 km, eine der bedeutendsten Industriestädte in Slowenien (36 800 Einw.) mit dem Elektrokonzern „Iskra". Aus einer Keltensiedlung entwickelte sich in der Römerzeit die Stadt Carnium. Als Hauptort der von Kaiser Otto II. gegen die Ungarn 973 gegründeten Grenzmark Krain wurde Krainburg im Mittelalter ein bedeutender

Handelsplatz. 1256 erhielt der Ort unter den Grafen von Andechs-Meranien die Stadtrechte. Vom alten Stadtbild ist am Platz Maistrov trg und am Hauptplatz (Glavni trg) noch viel erhalten.

 Gorenjska turistična zveza, 4000 Kranj, ☎ 0 64/22 35 00, 🖷 22 25 25.

 Bellevue, Šmarjetna 6, ☎ 31 12 11, 🖷 31 21 22. Auf dem Aussichtsberg Šmarjetna gora (2 km) sehr schön gelegen, Restaurant mit guter Küche. ⑤
Creina, Koroška cesta 5, ☎ 22 45 50, 🖷 22 24 83. Zentral gelegen. ⑤

** Škofja Loka

Von Kranj führt ein Abstecher in das 10 km entfernte sehenswerte *Škofja Loka* am Westrand des Kranjsko polje. Die Stadt (12 000 Einw.) besitzt den einheitlichsten mittelalterlichen Kern Sloweniens. 973 schenkte Kaiser Otto II. dem Freisinger Bischof Abraham die alte Ansiedlung samt der Umgebung. Bis zur Säkularisation von 1803 blieb sie im Besitz der bayerischen geistlichen Herren. Die meisten der alten Häuser stammen aus den Jahrzehnten nach 1511. Damals hatte ein Erdbeben die Stadt in Schutt und Asche gelegt. Nur die Stadtmauern aus dem 14. Jh. blieben teilweise erhalten. Hoch über der Stadt sind noch Reste der romanischen Burg *Krancelj* zu sehen, darunter steht die wuchtige neue Burg *Loški grad,* die heute das Stadtmuseum enthält. Der *Stadtplatz (Mestni trg)* mit der Mariensäule von 1751 ist ein harmonisches Ensemble alter Bürgerhäuser. Den ebenso schönen *Cankarplatz (Cankarjev trg)* beherrscht die *Pfarrkirche Sveti Jakob* (15. Jh.).

Von Škofja Loka fährt man auf der Straße 1 an Medvode am Save-Stausee vorbei durch den Vorort Šentvid in ** *Ljubljana,* 64 km, ein (s. S. 29).

*Wenn die Nebel steigen:
Morgenstimmung am See von Bohinj*

Route 2

Durch den Karst zur Adria

** Ljubljana – *** Postojna – * Rijeka (128 km)

Von der slowenischen Hauptstadt führt der Weg nach Südwesten, zwischen Waldbergen mit behäbigen Dörfern zu den Landschaftswundern des Karst, wo Flüsse jäh im Boden verschwinden und unerwartet irgendwo anders wieder hervorschießen und wo die großen Schauhöhlen von Postojna und Škocjan Besucher in die Unterwelt entführen. Ein Anschluss zur Route 3 ermöglicht die Weiterfahrt in den westlichen Karst, nach Triest und zur slowenischen Adriaküste. Von Postojna aus nach Süden geht es durch die bewaldete Karstlandschaft über die kroatische Grenze auf die Halbinsel Istrien und nach der Hafenstadt Rijeka, dem Tor zur dalmatinischen Adria. Die Bahn- und Busverbindungen sind in beide Richtungen gut. Autoreisende sollten sich mindestens einen Tag Zeit nehmen.

Laibacher Moor

In ** Ljubljana (s. S. 29) folgt man den Schildern „Postojna/Trst" nach Südwesten. Autobahn und Landstraße führen am Nordrand des Laibacher Moors (Ljubljansko barje) entlang, einer 20 km langen und 10 km breiten, sumpfigen Ebene, an deren Trockenlegung schon seit den Römern gearbeitet wird. Man hat hier Pfahlbauten aus der Stein- und Kupferzeit freigelegt.

Vrhnika

Am Südwestende des Moorgebiets liegt das Städtchen Vrhnika, 20 km, in dessen Nähe die zwölf Quellen der Ljubljanica aus dem Karstgestein schießen. Schon die Römer hatten den Fluss bis zu seiner Mündung in die Save hinter Ljubljana schiffbar gemacht und hier den Hafen Nauportus angelegt. Bis zu Beginn des 19. Jhs. hat man Güter auf dem Fluss transportiert und bis zum Bau der Eisenbahn von Ljubljana nach Triest war das Fuhrmannswesen samt Wagnern, Schmieden und Sattlern der wichtigste Erwerbszweig in der damals Oberlaibach genannten Ortschaft.

Tipp Südlich von Vrhnika ist im ehemaligen Kartäuserkloster Bistra das Technische Museum Sloweniens untergebracht. ⊙ Di–Fr 8–16, Sa, So 8–18 Uhr.

Das Karstgebiet

Straße, Autobahn und die von Ljubljana herkommende Bahnstrecke treten nun in die Region Notranjska (Innerkrain) und damit ins Karstgebiet ein. Die Straße steigt hinauf nach Logatec, unter den Römern der Straßenposten Longatinum, und erreicht Kalce, wo eine Verbindung nach Nordwesten in Richtung Idrija (23 km) und hinüber ins Sočatal (s. S. 62) besteht.

Dann durchquert man das Planinsko polje, ein Karstbecken, das sich mangels ausreichender Abflüsse nach starkem Winterregen mit einem bis zu 7 km langen See füllt und ideale Lebensbedingungen für eine Vielzahl sel-

Karstwunder

Über Rakek kann man einen Abstecher zum Zirknitzer See (Cerkniško jezero) machen, dessen Wasserstand mit den Jahreszeiten wechselt: In trockenen Sommern wachsen in seiner Mulde Gras und zuweilen Getreide, im Frühjahr und Herbst aber lassen Bäche und unterirdische Flüsse einen See entstehen – wo man sonst Heu einbringt, werden dann Fische gefangen.

tener Sumpfpflanzen bietet. An seinem Südende entspringt in einer Höhle die Unica, die am Nordrand in Schluck-löchern verschwindet, um in der Nähe von Vrhnika als Ljubljanica wieder zu Tage zu treten.

Postojna

Landstraße, Autobahn und die Bahn-linie erreichen nun Postojna (554 m), 56 km, mit der weltberühmten Schau-höhle Postojnska jama (s. u.). Die Stadt (20 000 Einw.) hat einige Betriebe der Holz- und Metallindustrie. Interessant ist das im Rathaus eingerichtete Mu-seum für Höhlenkunde.

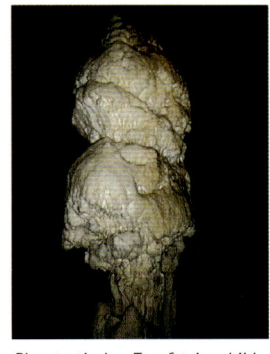

2

Seite **57**

Phantastisches Tropfsteingebilde in der Adelsberger Grotte

Die Karstlandschaft

Von der kargen Hochebene an der ita-lienisch-slowenischen Grenze oberhalb des Golfs von Triest, die von den Italie-nern Carso, von den Slowenen Kras genannt wird, hat eine geomorphologi-sche Erscheinung ihren Namen, die sich überall auf der Erde findet, wo es leicht im Wasser lösliches Kalkgestein gibt, der Karst. Das Gestein wird vom koh-lensäurehaltigen Regenwasser porös gemacht, das von der Oberfläche in die Tiefe sickert und sich in Höhlen und Klüften zu unterirdischen Wasserläu-fen sammelt. In den Karstgebieten ver-schwinden oberirdisch verlaufende Flüsse in einer Spalte oder Höhle und kommen irgendwo anders wieder ans Tageslicht. Manche Karstflüsse ver-sickern hinter der Küste und treten un-ter der Meeresoberfläche wieder hervor – beim Schwimmen über einer solchen unterseeischen Quelle stößt man plötzlich auf eiskaltes Wasser.

Unterirdische Höhlen stürzen oft ein, dann entstehen an der grünen, von Wiesen und Buschwald bestandenen Oberfläche trichterförmige Vertiefun-gen, die man nach dem slowenischen Wort für Tal Dolinen nennt. In den Do-linen wie in den größeren, Poljen („Fel-

der") genannten Einbruchsbecken hat der Regen die Reste der fruchtbaren roten Erde (Terra rossa) zusammenge-schwemmt. Hier werden Gemüse, Weinreben und Obst angebaut. Die vom Menschen genutzte Karstland-schaft ist besonders an Stellen, die vom Nordwind Bora gefährdet sind, von Steinmauern durchzogen. Sie dienen als Schutz der kostbaren Erde vor Wind und heftigen Regengüssen und der darin wachsenden Pflanzen vor den Weidetieren.

Karstbildung wird durch das Klima be-fördert, aber auch durch menschliches Zutun: In Jahrtausenden rücksichts-losen Raubbaus wurden im Karst die Wälder abgeholzt, vor allem in vene-zianischer Zeit, denn die Lagunenstadt ist auf Holzpfählen errichtet, die jen-seits der Adria geschlagen wurden. Da-zu kam auch noch der Bedarf für den Schiffsbau, für Öfen und Herde. Von den kahl geschlagenen Flächen trugen Wind und Regen die Erde hinweg, übrig blieb weithin nacktes Gestein. Nicht zuletzt waren es die Ziegen, die wich-tigsten Haustiere karger Gegenden, die hier große Schäden am Pflanzenwuchs anrichteten.

2

Seite
57

*** Adelsberger Grotte (Postojnska jama)

Das Grottenlabyrinth, von dem 23 km erforscht sind, ist durch eine 2,5 km lange elektrische Kleinbahn, einen über 4 km langen bequemen Gehweg und effektvolle elektrische Beleuchtung hervorragend für Besucher erschlossen. Die Anfänge des unterirdischen Labyrinths, das durch Erdkrustenbewegungen entstand, reichen Millionen von Jahren zurück und in einigen hunderttausend Jahren wird dieses wiederum ganz anders aussehen als heute. Das Wasser des hier unterirdisch verlaufenden Flusses Pivka trägt entscheidend dazu bei. Es wäscht den leicht löslichen Kalk aus, die Hohlräume werden größer, das Wasser sucht neue Wege und gräbt sich immer tiefer in den Berg hinein. Das Ergebnis dieser Wühlarbeit ist ein zweistöckiges Höhlensystem: Im oberen fährt heute die Grottenbahn und wandern die Touristen über Treppen und Stege, im unteren rauschen die dunklen Wasser der Pivka.

Alt und Jung

Das von den Wänden und Decken in den Adelsberger Grotten tropfende Sickerwasser gestaltet wundersame Gebilde: Stalaktiten, die beim Abtropfen entstehen, und Stalagmiten, die vom Höhlenboden aus emporwachsen. Dabei sind die Tropfsteine beträchtlich jünger als die Grotten selbst: Sie haben ein Alter von nur 16 000–192 000 Jahren. Die Höhlenbildung dagegen begann schon gegen Ende der Tertiärzeit, also vor 1,5 bis 7 Millionen Jahren.

Entdeckungsgeschichte

Die vorderen Höhlenräume waren schon im Mittelalter bekannt, im 18. Jh. drangen Forscher bis zum Großen Dom vor. Johann Gottfried Seume berichtet in seinem „Spaziergang nach

Syrakus im Jahre 1802" von einem Besuch der Höhle. 1818 entdeckte der Slowene Luka Čeč die inneren Räume bis zum Großen Berg. Schon ein Jahr später machte man die Höhle dem Publikum zugänglich und weitere Gänge und Räume wurden systematisch erforscht. Von 1864 an fanden im „Tanzsaal" Feste statt. Schon 20 Jahre später führte man die elektrische Beleuchtung ein. Seit 1872 verkehrt eine Höhlenbahn auf Schienen, die 1959 elektrifiziert wurde. Die Zahl der Besucher der Höhle wird derzeit mit insgesamt über 25 Millionen angegeben.

Besichtigung

Der Eingang zur Grotte ist 1 km von Postojna entfernt. Neben dem Felsentor, dem Eingang zur Höhle, fließt die Pivka in die Unterwelt. Die elektrische Bahn mit offenen Wagen bringt die Besucher durch einen Tunnel zunächst in den geräumigen *Kongresssaal,* der früher „Tanzsaal" hieß, aber seit einem 1965 abgehaltenen Kongress der Höhlenforscher seinen neuen Namen trägt. Beim 40 m hohen *Großen Berg* steigt man aus und wandert mit einem Führer auf einem 4 km langen Weg weiter. Über die *Russische Brücke* geht es in den Gang der *Schönen Höhlen* mit vielen bunten Tropfsteinbildungen, steinernen Vorhängen und kristallinen Wasserbecken. Durch den *Gang der Brillanten,* der seinen Namen von einem riesigen Stalagmiten herleitet, kommt man zu einem Wasserbecken, in dem Grottenolme *(Proteus anguinus)* schwimmen, augenlose Schwanzlurche, die nur noch in den Karsthöhlen Südosteuropas vorkommen. Dann ist der 40 m hohe und 3000 m² weite *Konzertsaal* erreicht, in dem wegen der guten Akustik hin und wieder Konzerte veranstaltet werden.

Unter dem Konzertsaal besteigt man wieder den Grottenzug, der zum *Großen Dom* fährt: In der 45 m langen, 30 m breiten und 14 m hohen Halle verschwindet der Fluss Pivka, hier endet die Höhlenwelt.

Besichtigungen mit Führung: Mai bis Sept. stündlich 9–18 Uhr; März und April 10, 12, 14, 16 Uhr, im April auch 17 Uhr; Okt. 10, 12, 14, 16 Uhr, Sa, So und feiertags auch 11, 13, 15, 17 Uhr; Nov., Dez., Jan., Feb. 10 und 14 Uhr, Sa, So und feiertags auch 12 und 16 Uhr. Die Besichtigung dauert 1,5 Std.

 Tipp Da in der Grotte jahraus, jahrein eine Temperatur von 8 °C herrscht, sollte man einen Mantel oder eine Strickjacke anziehen (am Eingang werden warme Lodenumhänge verliehen) und eine Kopfbedeckung gegen Tropfwasser aufsetzen.

 Turist biro, Tržaška cesta 4, 6230 Postojna, ☎ 0 67/ 2 44 77, 🖷 2 48 70.

🚊 An der Strecke Ljubljana–Rijeka und Triest.
🚌 Ljubljana, Koper.

 Jama, Jamska cesta 28, ☎ 2 41 72, 🖷 2 44 31. Am Höhleneingang, modern und komfortabel, tagsüber sehr laut. Ⓢ
Kras, Tržaška cesta 1, ☎ 2 40 71, 🖷 2 44 31. In Postojna an der Hauptstraße, angenehme Zimmer. Ⓢ
Proteus, Kosovelova cesta 1, ☎ 2 52 50, 🖷 2 44 31. Motel am südlichen Ausgang von Postojna. Ⓢ
Erazem, Belsko 1, ☎ 5 91 85, 🖷 2 24 31. 5 km außerhalb von Postojna; Hausmannskost. Ⓢ

△ **Pivka Jama,** 5 km von Postojna an der Straße nach Predjamski grad, ☎ 2 13 82. Schattig und gepflegt, mit Restaurant und Laden.

Jamska restavracija, Jamska cesta 30, ☎ 2 47 15. Am Höhleneingang. Ⓢ
Gostilna Lovec, Tržaška cesta 12, ☎ 2 47 73. Das Gasthaus liegt in Postojna ; einfach, aber gut. Ⓢ

*Predjamski grad

Beim Dorf *Predjama* („Vor der Höhle") 10 km nordwestlich von Postojna steht die Burg *Predjamski grad.* Sie wurde

POSTOJNSKA JAMA
(ADELSBERGER GROTTE)

Pivka-Höhle
N
0   300 m

Schwarze Höhle
Magdalenenhöhle

Schöne Höhlen

Russische Brücke   Großer Berg
Konzertsaal

Kongreßsaal

Großer Dom

— Führungsweg
··· Höhlenbahn
↝ Gewässer
▬ Höhle   Eingang

Am Ausgang einer Karsthöhle steht die Burg Predjamski grad

von der Adelsfamilie Kobenzl um 1570 vor dem Eingang zu einer großen Karstgrotte erbaut, die sich vor einem steilen Abbruch der Hochfläche der Hrušica (Birnbaumer Wald) auftut. Hinter dem Gebäude sieht man die Reste einer älteren Burg, die dem Geschlecht der Lueger gehörte (s. S. 58). Die Burg der Kobenzl enthält heute ein Museum mit Funden aus der Höhle, die schon in der Steinzeit bewohnt war. ⏱ Besichtigungen Jan.–Dez. stündlich 11–16 Uhr, Sa, So und feiertags auch 10 und 17 Uhr; März–Okt. stündlich 10 bis 17 Uhr, Mai–Sept. auch 9, 18, 19 Uhr.

Über Pirka an die kroatische Adria

Ein Anchluss an die Route 3 hinunter nach Triest und zur slowenischen Adriaküste (s. S. 64 ff.) ist ab Postojna möglich. Die Route 2 wendet sich nach Süden und erreicht über *Prestranek* im Tal des Karstflüsschens Pivka, das in der Adelsberger Grotte verschwindet, den Ort *Pivka* (Holzindustrie). Dann geht es hinunter ins Tal der Reka, deren Name einfach „Fluss" bedeutet. Sie entspringt in den slowenisch-kroatischen Grenzbergen und verschwindet in den Höhlen von St. Kanzian (Škocjanske jame, S. 66). Links (Osten) steht der 1796 m hohe *Snežnik,* der „Krainer Schneeberg", von dem man eine weite Aussicht hat (21 km von Pivka). Dem Tal der Reka folgend wird *Ilirska Bistrica (Illyrisch Feistritz),* 89 km, passiert und 11 km weiter bei *Jelšane* die kroatische Grenze überquert.

* Rijeka

Mit Blick auf den blauen Golf von Rijeka fährt man hinunter zum Ort *Matulji,* wo sich die Straße teilt: Nach rechts kommt man zum Seebad *Opatija,* nach links zur größten Hafenstadt Kroatiens, *Rijeka* (200 000 Einw.), 128 km. Hier beginnt die 821 km lange Küstenstraße „Jadranska magistrala" entlang der dalmatinischen Küste. Von Rijeka aus erreicht man auch die Inseln Kvarner, Krk, Cres, Lošinj und Rab sowie die Badeorte an der istrischen Ostküste.

Raubritters Ende

Ritter Erasmus, der letzte des stolzen Geschlechts derer von Lueg, hatte den Fehler begangen sich mit dem Kaiser zu überwerfen: Wie der Krainer Historiker Valvasor berichtet, erstach er einen Verwandten Friedrichs III. an dessen Hof in Wien. Er musste in sein Höhlenschloss beim heutigen Predjamski grad fliehen, und als er hier mit seinen Einkünften nicht mehr auskam, verlegte er sich darauf mit seinen Knechten die Kaufmannszüge, die von Triest ins Landesinnere zogen, zu überfallen und auszurauben. Der Kaiser erteilte daraufhin im Jahr 1483 dem Stadthauptmann von Triest den Auftrag, die Räuberhöhle auszuräuchern und den Ritter tot oder lebendig auszuliefern.

Während der Belagerung verstand es Erasmus sich durch einen geheimen Höhlengang genügend Lebensmittel zu verschaffen. Der Überlieferung nach ließ er den nicht so gut versorgten Belagerern höhnisch frische Kirschen, die auf Schleichwegen aus Vipava hinter dem Berg Nanos herbeigebracht worden waren, dazu gebratenes Ochsenfleisch und Fische von der Burg hinunterwerfen.

Nach längerer Belagerung soll aber ein bestochener Diener verraten haben, wohin Erasmus sich zu begeben pflegte, um ein bestimmtes Geschäft zu verrichten, „das auch der türkische Kaiser nicht durch seinen Abgesandten erledigen konnte", wie Valvasor schreibt. Die Triestiner postierten einen Scharfschützen zur rechten Zeit an die richtige Stelle und um Erasmus war es geschehen.

Route 3

Von den Alpen zur Adria

* Kranjska Gora – Bovec –
Nova Gorica (– * Triest) – Divača
(– ** Lipica) – * Koper – * Portorož –
** Piran (252 km)

Siehe auch Detailkarte S. 42/43.

Vom Wintersportort Kranjska Gora im oberen Savetal zwischen den Gipfeln der Karawanken und der Julier verläuft die Route am westlichen Rand Sloweniens entlang der italienischen Grenze durch großartige Hochgebirgslandschaft hinunter ins Tal der Soča. Von den Karsttälern oberhalb von Triest ist ein Abstecher in die „Stadt der drei Kulturen" möglich. Durch südlich anmutende kleine Städte und einsame Karstdörfer erreicht man den nördlichsten Winkel der Adria bei den Venezianerstädten Koper, Izola und Piran. Die Fahrt dauert ein bis zwei Tage. Busverbindungen sind vorhanden.

Vom Karawankentunnel nach Kranjska Gora

Der Wurzenpass (Korensko sedlo) ist mit seinen 1073 m der niedrigste der Karawankenpässe, er war vor der Fertigstellung des Straßentunnels (s. S. 46) 1991 das wichtigste Einfallstor von Norden nach Slowenien. Vom Südausgang des Tunnels bei Hrušica/Jesenice sind es 18 km das Tal der Sava Dolinka aufwärts bis Kranjska Gora. Die Straße passiert *Mojstrana (Meistern)* mit seinem Triglav-Museum, in

Im slowenischen Karstgebiet gibt es viele verlassene Gehöfte

3

Seite
49

In der roten Erde der Karsthügel gedeihen hervorragende Weine

Skigebiet und Sommerfrische im oberen Savetal: Gozd Martuljek

dem die Geschichte des Alpinismus in diesem Gebiet und frühe alpine Ausrüstung gezeigt wird. Von hier aus kann man den Karawankengipfel Kepa (2154 m), deutsch Mittagskogel, besteigen. Nach Südwesten geht das Vrata-Tal zum Aljaž-Haus (Aljažev dom) unter der Triglav-Nordwand. Im Savetal folgt dann das Dorf *Gozd Martuljek,* von dem aus sich eine steile Felsenstraße auf 1000 m Höhe zum Dorf *Srednji vrh auf der Karawankenseite hinaufwindet. Oben öffnet sich ein großartiger Blick auf die Julier, mit der bis zu 2500 m hohen Martuljek-Gruppe im Vordergrund.

Der Triglav–Nationalpark

*Kranjska Gora

Kranjska Gora (Kronau), der Nordeingang zum Triglav-Nationalpark (s. S. 41), liegt in 810 m Höhe in einer herrlichen Hochgebirgslandschaft. Das Dorf (1600 Einw.) war ursprünglich eine beliebte Sommerfrische, heute ist es ein lebhafter Wintersportort. Einer der alten Bauernhöfe, das 300 Jahre alte Liznjek-Haus (Liznjekova hiša), birgt eine volkskundliche Sammlung.

Tipp **Für Aktive:** Eine **Wanderung** – Sessellift bis in 1500 m Höhe – führt von Kranjska Gora hinauf zu den Gipfeln * Vitranc (1631 m) und ** Ciprnik (1746 m) mit einem prächtigen Panoramablick auf die Julischen Alpen. **Skifahrer** finden in Kranjska Gora vier Sessellifte, 16 Schlepplifte, viele Abfahrten und Loipen.

Turistično društvo, Tičarjeva 2, 4280 Kranjska Gora, ☎ 0 64/88 17 68, 🖷 88 11 25.

🚌 Nächste Bahnstation Jesenice. 🚌 Im Sommer nach Bovec.

 Kompas, Borovška 100, ☎ 88 16 61, 🖷 88 11 76. Das beste Haus am Platz. Ⓢ⟫⟩
Kotnik, Borovška 75, ☎ 88 15 64, 🖷 88 18 59. Ein kleines, aber feines Hotel im Ort. Ⓢ⟫⟩

Lek, Vršiška 38, ☎ 88 15 20, 🖷 88 13 43. Schön an der Straße zum Vršič-Sattel gelegen. Ⓢ
Erika, Vršiška 76, ☎ 88 14 75, 🖷 88 83 59. Einfaches älteres Haus, an der Straße zum Vršič-Sattel. Ⓢ

 Bor, Vršiška 15, ☎ 88 17 89. Ländliches Gasthaus an der Vršič-Straße mit guter slowenischer Küche. Ⓢ
Jasna, Vršiška 42, ☎ 88 19 97. An der Vršič-Straße außerhalb des Ortes; Aussichtsterrasse. Ⓢ

Der ** Vršič–Pass

Von Kranjska Gora aus nach Süden geht unsere Route auf der *Vršič-Passstraße* in dem von Zweieinhalbtausendern umstandenen Tal der Pišnica aufwärts bis zum 1611 m hohen Pass *Vršič (Werschetzsattel).* Die 21 km lange Straße (Nordrampe 13 km mit 24 Kehren, Südrampe 8 km mit 16 Kehren) ist fast durchgehend asphaltiert, sie führt durch Lärchenwälder und eröffnet immer neue Ausblicke in eine großartige Hochgebirgslandschaft. Sie wurde im Ersten Weltkrieg von österreichischen Pionieren und russischen Kriegsgefangenen als Nachschubstraße für die heiß umkämpfte Isonzofront (s. S. 62) gebaut. Eine Kapelle, die *Ruska kapelica,* erinnert an die Opfer, die beim Bau umgekommen sind. Das letzte Straßenstück vor der Passhöhe hat Steigungen bis zu 12 %, an einer Stelle sogar 21 %. Vom Pass, einer Wasserscheide zwischen dem Mittelmeer und dem

Schwarzen Meer, hat man einen schönen Blick hinunter auf das Trentatal. Von der letzten Kehre der Südrampe führt rechts ein Sträßchen zur *Soča-Quelle (Izvir Soče);* der hier entspringende Fluss ist auch unter dem italienischen Namen Isonzo bekannt.

Tipp Von der Passhöhe abwärts liegt an der intensiv türkisfarbenen Soča das 1926 gegründete **Alpinum Juliana,** ein Alpengarten, der mit etwa tausend Arten julischer Alpenflora einen Halt lohnt.

Das Trentatal

Vorüber an der Zlatorog-Schutzhütte erreicht man schließlich die kleine Siedlung *Na Logu* (620 m) mit einer Informationsstelle der Nationalparkverwaltung und dem Trenta-Museum, in dem man viel vom harten Leben der Bauern und Hirten sowie von den Anfängen des Alpinismus in diesem Tal erfahren kann.

Links zweigt das Tal *Zadnjica* ab, von dem aus der kürzeste Aufstieg zum Gipfel des Triglav führt. Im Trentatal weiter abwärts folgen das Dorf *Soča* (487 m) und die * *Soča-Klamm,* wo sich der Fluss auf einer Länge von 750 m ein bis zu 2 m enges Bett durch das Kalkgestein gegraben hat.

Abstecher auf den Mangart

Ein lohnender Abstecher kurz vor Bovec führt im Tal der Koritnica zur alten Sperrfestung *Kluže* und zur *Koritnica-Schlucht (Korita Koritnice),* die 500 m lang und mit 70 m die tiefste Schlucht Sloweniens ist. Hinter dem malerischen Dorf *Log pod Mangartom* erreicht man nach 18 km den *Predilpass* (1150 m) an der Grenze zu Italien. Kurz vor der Passhöhe zweigt rechts die * *Mangart-Hochalpenstraße* ab, die auf Stützmauern und durch Tunnels den 2072 m hohen *Mangartpass (Mangartsko sedlo)* erklimmt. Von dort aus kann man in rund zwei Stunden den Mangart (2679 m) ersteigen, einen überragenden Aussichtsberg.

Bei Rateče nahe dem Dreiländereck entspringt die Sava Dolinjka

3

Seite
49

Auch in den Julischen Alpen weit verbreitet: Stengelloser Enzian

Unterhalb des Predilpasses liegt das Dorf Log pod Mangartom

Bovec

Bovec (Flitsch), 52 km, liegt 460 m hoch. Das Dorf ist der westliche Eingang zum Triglav-Nationalpark (s. S. 41) und ein beliebter Wintersportort. Das Skigebiet um den 2587 m hohen Kanin liegt zwischen 1600 und 2300 m hoch, es ist durch eine Gondelbahn, drei Sessellifte und zwei Schlepplifte erschlossen. Loipen gibt es im Tal. Im Sommer ist die Soča bei Bovec Tummelplatz der Kajakfahrer und Rafter.

 Hoteli Alpkomerc, 5230 Bovec, ☎ 0 65/8 71 11, 🖷 8 71 19.

 Alp, Trg 40, ☎ 8 60 40, 🖷 8 60 81. Modernes Hotel im Herzen des Ortes; Disko. Ⓢ
Kanin, Ledina 9, ☎ 8 60 21, 🖷 8 60 81. Haus mit Hallenbad, besonders Skifahrern zu empfehlen. Ⓢ

⚠ **Liza,** Vodenca 4, ☎ 8 60 73. Einfacher aber gut ausgestatteter Platz in der Nähe der Kanin-Seilbahn.

 Pod lipco, Dvor 40, ☎ 8 60 54. Etwas außerhalb, gute einheimische Kost. Ⓢ
Martinov hram, Trg 27, ☎ 8 62 14. Gemütliche Trattoria mit Garten unter Weinreben. Lokale Spezialitäten. Ⓢ

Das Sočatal

Kobarid

Entlang der Soča kommt man in das nur noch 235 m hoch gelegene Städtchen Kobarid (1260 Einw.), 73 km, wo die Sočaschlucht endet und der Fluss ins Voralpenland tritt. In einem Haus aus dem Jahr 1739 wurde 1990 das * *Isonzomuseum (Kobariški muzej)* eingerichtet, das an die Schlachten des Ersten Weltkriegs in den Bergen und Tälern der Umgebung erinnert. ◔ März bis Okt. tgl. 9–18, Sa, So 9–19 Uhr; Nov.–Febr. tgl. 10–17, Sa, So 9–18 Uhr.

Der Ort, den die Italiener Caporetto, Deutsche und Österreicher Karfreit nennen, war seit 1915 hart umkämpft.

Im Oktober 1917 erfolgte hier der deutsch-österreichische Durchbruch durch die italienische Isonzofront in die friulische Ebene nach Udine. Kobarid liegt unterhalb des 2245 m hohen Krn, den die Italiener schon einen Monat nach der Kriegserklärung im Jahr 1915 erobert hatten. Sie bauten den Berg zu einer Festung aus, die sie bis 1917 halten konnten. Noch heute sieht man hier Gräben, Geschützstellungen und Unterstände. Oberhalb des Orts, der in der Zwischenkriegszeit italienisch war, wurde von 1935 bis 1938 um die Kirche St. Anton ein monumentales *Beinhaus (Kostnica)* errichtet, in dem 7014 italienische Soldaten beigesetzt sind.

 Hvala, Trg svobode 1, ☎ 0 65/8 53 11. Gut geführtes kleines Hotel, zentral. Ⓢ

 Topli Val, Trg svobode 1, ☎ 0 65/8 53 11. Im Hotel Hvala, Fischspezialitäten. Ⓢ

 Tipp In den Bergdörfern über dem Sočatal findet man überall kleine Pensionen und Gasthöfe. Ein Beispiel: **Jelkin hram** in Drežnica ☎ 0 65/84 86 10.

Von Kobarid nach Nova Gorica

In diesem Abschnitt des Sočatals verändern sich allmählich die Gebirgslandschaft und das Bild der Siedlungen: Hochwald weicht dem Buschwald, auf den Außentreppen der Häuser blüht in Kübeln der Oleander, in den Dörfern rücken die Häuser enger zusammen – das Mittelmeer kündigt sich an. In *Tolmin (Tolmein),* 89 km, zweigt eine Straße in Richtung Ljubljana ab.

 Tolmin hat zwei einfache, aber passable Hotels: **Krn,** Trg Maršala Tita 1, 65220 Tolmin, ☎ 0 65/8 19 11, 🖷 8 10 61, Ⓢ, und **Paradiso,** Dijaška 18, ☎ 8 17 12, 🖷 8 16 10, Ⓢ.

Vorbei am Stausee von *Most na Soči* („Sočabrücke"), wo die Straße auf die Bahnlinie Jesenice–Bohinjska Bistrica–

Nova Gorica stößt, erreicht man das reizvolle Städtchen *Kanal* mit alten Häusern in küstenländischem Stil. Vom rechten Ufer der Soča aus bietet sich ein prächtiger Blick auf die schön gewölbte Brücke und den Ortskern. In der Gegend um Kanal sieht man die ersten Weinstöcke.

Kurz vor Nova Gorica thront links hoch oben der Wallfahrtsort *Sveta Gora* („Heiliger Berg") mit der 1544 erbauten Marienkirche. Die Aussicht auf das Sočatal und die Umgebung ist prachtvoll.

3

Seite 49

Bei Bovec wird das Tal der Soča breiter, die Berge treten zurück

Nova Gorica

Nova Gorica, 132 km, war einst die Neustadt des alten Görz in der gleichnamigen Grafschaft, die 1500 an die Habsburger fiel. 1918 kam die italienisch Gorizia genannte Stadt zu Italien, 1947 wurde sie geteilt: Die Neustadt und das umliegende Land im Osten wurden Jugoslawien zugesprochen.

In der Industriestadt (14 600 Einw.) ist lediglich das alte *Franziskanerkloster Kostanjevica* mit dem Grabmal des letzten französischen Bourbonenkönigs Karl X. sehenswert; er war in der Julirevolution von 1830 gestürzt worden und starb 1836 im Görzer Exil an der Cholera.

Kajakfahrer und Rafter zieht es zu den Wildwassern der Soča hin

 Hittours, Berkov trg 6, 5000 Nova Gorica, ☎ 0 65/2 82 02, 🖷 2 82 04.

🚄 An der Strecke Jesenice–Bled–Sežana (–Triest); Gorizia: Udine, Venedig, Triest.

 Perla, Kidričeva 7, ☎ 2 88 90, 🖷 2 88 86. Neues Haus mit Spielkasino; Showbühne. $⑤⑤⑤
Park, Delpinova 5, ☎ 2 82 25, 🖷 2 23 81. Im Zentrum gelegenes, komfortables Hotel. $⑤
Sabotin, IX. Korpusa 35, ☎ 2 82 21, 🖷 2 64 30. Etwas außerhalb; einfach, aber gemütlich. $⑤

Beliebt ist eine Weinprobe in der berühmten Kellerei von Vipava

Pikol, Vipavska 94,
☎ 2 25 62. Sehr leckere
Fischspezialitäten. Ⓢ

Gorizia

Im italienischen Gorizia steht das *Kastell* der Grafen von Görz. Von oben bietet sich ein großartiger Blick auf die Julischen Alpen, auf die Karstberge, die Weinhügel der Goriška Brda und auf die Ebene des Isonzo, der sich in einem breiten Schotterbett immer neue Wege bahnt, um zwischen dem Seebad Grado und der Industriestadt Monfalcone ins Adriatische Meer zu münden.

Tipp Von Gorizia aus kann man über italienisches Gebiet nach **Triest** (s. S. 65) fahren (46 km); nach 21 km ist die Autobahn Venedig–Triest erreicht.

Das Karstgebiet

Die Route 3 führt von Nova Gorica und dem Tal der Soča nach Osten ins Karstgebiet weiter. Südlich der Straße erstreckt sich an der italienischen Grenze oberhalb des Golfs von Triest der eigentliche Karst (slow. Kras, ital. Carso), eine größtenteils waldlose Kalkhochfläche mit nur wenigen Siedlungen (s. S. 55).

Ajdovščina und Vipava

Am Fuße eines felsigen Steilabhangs des „Waldes von Trnovo" liegt *Ajdovščina* (Haidenschaft), 159 km, in einer fruchtbaren Karstdoline, in der Obst und Wein, vor allem Kirschen, gedei-

---

Fürstlich speisen

Nördlich von Vipava liegt inmitten von Weinbergen das *Schloss Zemono*, einst Besitz der Grafen Lanthieri, 1689 im Stil Palladios erbaut. Heute ist hier ein ausgezeichnetes Restaurant untergebracht, das **Dvorec Zemono**, ☎ 0 65/65 55 (Ⓢ).

---

hen. Etwas weiter duckt sich an der Quelle des gleichnamigen Karstflusses das Städtchen *Vipava* unter seine Burg aus dem 12. Jh.

 Vipava ist wegen seiner Weinkellerei *Vipavski hram* bekannt. Die **Weine** können im Restaurant probiert und im angeschlossenen Laden gekauft werden.

*Štanjel

Von Vipava aus führen Nebenstraßen in die typischen Karstdörfer, darunter Štanjel *(San Daniele),* ein fast entvölkerter Ort, dessen Burg und Kirche wie aus dem Kalkfelsen gewachsen erscheinen. An einem der alten Häuser sieht man steinerne Dachtraufen, die das kostbare Regenwasser in eine Zisterne leiten. Das im Zweiten Weltkrieg stark zerstörte Dorf wird derzeit restauriert.

 Grča, Hruševica 6, ☎ 0 67/ 7 92 24. Landgasthof mit einheimischen Gerichten (Pršut, Wild); viel von Triestiner Feinschmeckern besucht. Ⓢ

** Lipica

Am Westrand des Gebirgsstocks *Nanos* (1313 m) kommt man über das Dorf *Podnanos* zu dem 577 m hoch gelegenen *Razdrto,* 183 km. Hier stößt man auf die Straße Ljubljana–Postojna–Triest und auf die von Ljubljana kommende Autobahn nach Triest. Vom nächsten Ort, *Divača,* 195 km, aus erreicht man nach 12 km Lipica.

Lipica, die Heimat der berühmten Lipizzaner-Schimmel, wurde als Gestüt der österreichischen Armee im Jahr 1580 von Erzherzog Karl gegründet. Es hat seinen Namen von den Linden (slow. *lipa),* die auf dem parkartigen Gelände stehen. Die Lipizzaner sind noch heute eine der großen Attraktionen Wiens, wo sie in der Hofburg die hohe Kunst der klassischen spanischen Reitschule pflegen. Die Wiener Lipizzaner stammen allerdings nicht mehr aus Slowenien, denn nach dem Ersten

Weltkrieg war Lipica für Wien verloren und die Hofreitschule musste ein neues Gestüt in Piber in der Steiermark einrichten. Nach dem Zweiten Weltkrieg wurde in Lipica mit einigen verbliebenen Pferden die Zucht fortgesetzt.

Die Stuten und Fohlen, die dunkel zur Welt kommen und erst langsam die weiße Farbe ihrer Eltern annehmen, tummeln sich auf den Koppeln, während die Hengste meist in ihren Boxen im Stall stehen. Wirtschaftsgebäude und Stallungen stammen zum Teil aus dem 18. Jh., der Besucher findet aber auch ein modernes Hippodrom, eine Reithalle, zwei Hotels, ein Spielkasino, Sport- und Erholungsanlagen, darunter einen Golfplatz. Es wird Reitunterricht erteilt, man kann Ausritte und Kutschenfahrten unternehmen, für Kinder stehen Ponys bereit. Dressurvorführungen: April bis Okt. Di, Fr, So 15 Uhr. Führungen durch das Gestüt: Juli und Aug. stündlich von 9–18 Uhr, Jan., Feb., Nov., Dez. 11 und 15 Uhr, März 11, 13, 14 und 15 Uhr, April, Mai, Juni, Sept., Okt. zusätzlich 10, 16 und 17 Uhr.

 Kobilarna Lipica, 6210 Sežana, ☎ 0 67/3 15 80, 🖷 7 28 18. Informationen und Reservierungen.

🚃 🚌 Nächste Bahn- und Busstation Sežana.

 Die beiden Hotels von Lipica sind vor allem für Reiterferien gedacht: **Club Lipica,** ☎ 3 10 09 und 🖷 3 14 09; **Maestoso,** ☎ 3 10 09, 🖷 3 14 09. Beide gut. Ⓢ

Abstecher nach *Triest

Aus dem slowenischen Karst kann man Abstecher zur italienischen Hafenstadt Triest machen, gute Ausgangspunkte dafür sind Sežana (s. S. 64) und das Gestüt Lipica. Ein Ausflug nach Triest lohnt aber auch von den Küstenorten Koper, Piran und Portorož aus.

Die Burg des Karstdorfs Štanjel gehörte einst den Görzer Grafen

3
Seite **49**

Im Gestüt Lipica schließen Kinder und Pferde schnell Freundschaft

Auf der Piazza Unità in Triest treffen drei Kulturen zusammen

Miramare, „Schau aufs Meer", das Märchenschloss bei Triest

Triest (it. *Trieste,* slow. *Trst*) hat rund 300 000 Einwohner. Die uralte Stadt war als Freihafen Österreichs Tor zur Welt und sie hat noch heute viele Gesichter: ein venezianisch-italienisches, ein slawisches, ein griechisches, ein jüdisches und vor allem ein österreichisches. Zwar hat Triest in den letzten Jahrzehnten an wirtschaftlicher Bedeutung verloren, aber man spürt noch immer den Atem dreier Kulturen: der italienischen, der slawischen und der deutschen.

Die bedeutendsten Sehenswürdigkeiten von Triest sind die großzügig angelegte *Piazza Unità*, die sich zum Hafen hin öffnet, das *Römische Theater* und der Festungshügel mit der Basilika *San Giusto* und dem *Kastell*. Auf einem Felsen über dem Meer steht 7 km nordwestlich das Schloss **Miramare,* das der österreichische Erzherzog Maximilian von 1854 bis 1856 bauen ließ. Sieben Jahre später wurde er als Kaiser von Mexiko erschossen.

** Škocjanske jame

Von *Divača* (s. S. 64) verläuft unsere Route auf der Straße nach Koper in südlicher Richtung weiter. Nach 3 km zweigt eine Nebenstraße nach links ab, auf der 2 km weiter *Matavun* erreicht wird: Hier ist der Eingang zum Karsthöhlensystem von Škocjan.

Škocjanske jame, die *Höhlen von St. Kanzian,* haben ihren Namen von dem Dorf Škocjan oberhalb einer Felswand, an deren Fuß das Flüsschen Reka verschwindet. Die Reka kommt aus den slowenisch-kroatischen Grenzbergen im Südosten, wo sie breit durch eine fruchtbare Flyschmulde fließt. Auf dem Kalkboden des Karst musste sie sich ihren weiteren Weg suchen, indem sie sich tief ins Gestein eingrub: Sie rauscht durch eine wilde Schlucht und verschwindet dann im Untergrund. Mit starkem Gefälle und über Kaskaden dringt das Wasser der unterirdischen Reka immer tiefer, im Lauf von Jahrmillionen hat es Höhlen ausgewaschen.

Etwa 40 km von St. Kanzian entfernt tritt die Reka auf italienischem Boden bei Monfalcone als Timavo wieder zu Tage und mündet in die Adria.

Besichtigung

Am Höhleneingang beginnt die Wanderung durch die Wunder der Unterwelt über einen künstlichen Stollen in die *Tiha jama*, die „Stille Grotte", mit phantastischen Tropfsteingebilden. Dann folgen der „Paradiessaal" mit herrlichen Sinterformationen und schließlich der 118 m lange und 25 m hohe „Große Saal" mit mächtigen Stalagmiten. Von hier aus geht es abwärts an Vorhängen aus Tropfsteinen vorbei, man hört ein fernes Rauschen, das immer stärker wird: Die Reka stürzt sich in den Müllersee und fließt tief unten in der Riesentorklamm dahin, zwischen fast 100 m hohen Felswänden. Hier überqueren die Unterweltwanderer die Klamm auf einer Brücke, tief unter sich das brodelnde Wasser. Zurück am Tageslicht, wird man von einer Zahnradbahn auf die Hochfläche befördert.

🕐 Führungen: Juni–Sept. tgl. 10, 11.30, 13, 14, 15, 16, 17 Uhr; April, Mai, Okt. tgl. 10, 13, 15.30 Uhr; Nov. bis März 10 Uhr, So und feiertags auch 15 Uhr.

 Škocjanske jame, Matavun, 6215 Divača, ☎ 0 67/6 01 22, 📠 7 33 84.

 Die zu der Höhle nächstgelegene Unterkunft ist die einfache Pension **Risnik**, 6251 Divača, Kraška cesta 24, ☎ 0 66/6 00 08, 📠 7 33 84. Ⓢ

* Socerb

Die Straße nach Koper geht bei *Črni Kal,* wo der Karst 300 m tief ins Tal der Rižana abbricht, in steilen Serpentinen hinunter ins slowenische Küstenland. Kurz vorher kann man hinauf zum Dorf *Socerb (San Servolo)* fahren, wo man von der Ruine einer Burg aus dem 13. Jh. eine einzigartige Aussicht über den Golf von Triest hat.

In der Burg hat sich das viel besuchte Ausflugslokal **Grad Socerb** (⑤) eingenistet.

* Hrastovlje

Kurz hinter *Črni Kal* führt ein lohnender Abstecher (15 km) in das Tal der Rižana nach Hrastovlje mit seiner gotischen, wegen der Türkeneinfälle im 16. Jh. bewehrten Dreifaltigkeitskirche *(Sveta Trojica)*, einem typischen Beispiel für die strenge Architektur der Taborkirchen (s. S. 16). Sehenswert ist vor allem das mit Fresken (um 1490) des istrischen Meisters Ivan aus Kastav ausgemalte Innere. Es sind ausdrucksvolle Darstellungen aus der Heilsgeschichte und ein makabrer Totentanz.

Zurück auf der Hauptstraße führt hinter *Dekani* ein Abzweig nach Norden zum Grenzübergang Škofije; die Route erreicht schließlich Koper, 230 km.

* Koper/Capodistria

Die kleine Industriestadt am Meer (24 700 Einw.) ist wie ihre große Mutterstadt Venedig auf der Landseite von Fabriken und Hafenanlagen umschlossen, der auf einer Insel gelegene alte Stadtkern birgt jedoch noch eine Reihe gut erhaltener Zeugnisse der weit zurückreichenden Geschichte. Koper ist eine der vielen Städte an der Ostküste der Adria, die aus Sicherheitsgründen auf kleinen Inseln unmittelbar vor dem Festland gegründet wurden. Später baute man einen Damm oder schüttete die Wasserstraße zwischen Festland und Insel zu. Die ursprünglich griechische Siedlung Aigida wurde von den Römern Caprea Insula, die „Ziegeninsel", genannt, die Slawen machten daraus Koper. Für die Venezianer war die Stadt das „Haupt Istriens", Capodistria.

Rundgang

Die Altstadt ist ein paar Stunden zum Anschauen und Flanieren wert, in den engen lebhaften Gassen findet man schöne alte Häuser und manches

Wunder der Unterwelt in den Höhlen von St. Kanzian

3

Seite 69

In der Wehrkirche von Hrastovlje sind gotische Fresken verborgen

Die Loggia am Hauptplatz von Koper: venezianische Gotik

kunstvolle Detail. Man beginnt einen Rundgang am alten Hafen, dem **Prista-niški trg** ❶. Durch die Kidričeva ulica kommt man zum **Palast Belgramoni-Tacco** ❷ aus dem 17. Jh. Er beherbergt heute das Regionalmuseum mit vielen Erinnerungsstücken an Kopers zwei-einhalbtausendjährige Vergangenheit.

 Am Hauptplatz *Titov trg* steht die **Loggia** ❸, im 15. Jh. in venezianischer Gotik erbaut, im 17. Jh. erneuert. Der ehemalige Versammlungsraum der Patrizier dient heute als Café, von dem aus man das Leben auf dem Platz beobachten kann.

Gegenüber steht der zinnenbewehrte ✶ **Prätorenpalast** ❹, einst Rathaus, heute Gerichtsgebäude. Die reich gegliederte Fassade trägt Wappen, Büsten und natürlich den Markuslöwen als Hoheitszeichen der Republik Venedig.

An der ehemaligen **Kathedrale St. Nazarius** ❺ wurde vom 13. bis zum 18. Jh. gebaut. Neben der Kirche steht der mächtige Campanile (13.–15. Jh.), einst Turm der Stadtbefestigung. Hinter dem Hautplatz kommt man zum *Trg Revolucije (Brollo)* mit schönen alten Palästen und dem **Fontego** ❻, dem Getreidespeicher von 1392. Vom Hauptplatz gelangt man durch den Bogen des Prätorenpalasts in die Geschäftsstraße *Čevljarska ulica,* die Schustergasse, und weiter zum **Palast Almerigogna** ❼ aus dem 15. Jh. mit einer schön bemalten Fassade. Am *Prešernov trg* befindet sich die **Fontana da Ponte** ❽ von 1666, sie wird von einem brückenähnlichen Bogen bekrönt, eine Anspielung auf den Namen des Stifters Lorenzo da Ponte. Der Platz wird von der **Porta Muda** ❾, dem einzigen erhaltenen Stadttor (1516), abgeschlossen.

Tipp An der Nordseite der Bucht von Koper liegt das **Seebad Ankaran,** Urlaubsort der Großstädter aus Ljubljana und Ausflugsziel der Triestiner. Es hat einen flach abfallenden, für Familien mit kleinen Kindern sehr geeigneten Kieselstrand und üppige subtropische Vegetation.

 Turistično društvo, Verdijeva 9, 6000 Koper, ☎ 0 66/2 24 78.

🚆 Ljubljana.

 Adria, 6280 Ankaran, Jadranska cesta 25, ☎ 52 84 50, 🖷 5 28 32. Ehemaliges Kloster in einem Wäldchen im Badeort Ankaran. Ⓢ
Triglav, Pristaniška 3, ☎ 2 37 71. Am Hafen von Koper, für Durchreisende ohne größere Ansprüche. Ⓢ

△ **Adria,** 6280 Ankaran, ☎ 52 83 23, 🖷 5 18 91. Ehemaliges Kloster, gut ausgestattet, inmitten üppiger Vegetation.

 Skipper, Marina, Koper, ☎ 2 17 50. Gehobenes Lokal mit Fischspezialitäten. Ⓢ)
Capris, Titov trg, Koper, ☎ 3 87 83. Restaurant im Prätorenpalast. Ⓢ

Izola/Isola

Das 6 km weiter gelegene Städtchen Izola/Isola ist, wie der Name sagt, ebenfalls auf einer Insel entstanden, aber längst mit dem Festland verbunden, wo sich eine Fischkonservenfabrik befindet. Das schönste Haus von Izola ist der Palast *Besenghi degli Ughi* (18. Jh.) mit einer Rokokofassade voller heiter-verspielter Stuckaturen, sehenswert ist aber auch der Palast *Manzioli* in venezianischer Gotik aus dem 15. Jh.

 Turistično društvo, Sončno nabrežje 4, 6310 Izola, ☎ 0 66/6 29 01.

 Zum Hotelkomplex Simonov zaliv (1,5 km östlich von Izola) gehört das **Haliaetum,** Morova 6 a, ☎ 46 31 00, 🖷 6 22 22, ein gutes Strandhotel. Ⓢ
Marina, Veliki trg 11, ☎ 6 53 25, 🖷 6 20 12. Einfaches Stadthotel am Hafenplatz. Ⓢ

△ **Belvedere,** Dobrava 1 a, ☎ 6 26 31, 🖷 6 20 12. Gut eingerichteter Platz auf einem Hügel über dem Meer, schöne Aussicht auf den Golf.

Lovec, Šared 28, ☎ 6 87 12.
Gutes, typisch küstenländisches Landgasthaus. Ⓢ

* Portorož

An einer kleinen Bucht mit Salinen
liegt östlich von Izola der kleine Badeort *Strunjan/Strugnano*. Nördlich der
Bucht steigt eine Halbinsel mit bis
zu 190 m hohen Klippen aus dem
Meer. Die Hauptstraße schneidet nun
die Halbinsel von Piran ab und senkt
sich hinunter zum größten Seebad
Sloweniens, *Portorož*, 252 km. Der
„Rosenhafen" (das bedeutet der italienische Name Portorose) hat dank seiner
Lage in der geschützten Bucht von Piran das beste Klima im sonst dem
Nordwind Bora und den Winterfrösten
ausgesetzten Golf von Triest. Inmitten
üppiger Vegetation steigen Hotels und
Villen terrassenförmig einen Hügel
hinauf, der mit Zypressen, Olivenbäumen, Wein- und Obstgärten bestanden
ist, und an der Uferpromenade stehen
Palmen. Die Bucht ist flach und hat
Sandboden, für den Strand wurde Sand
in Riesenmengen aufgeschüttet. Da-

*Izola, ein idyllischer Hafenort,
liegt zwischen Koper und Piran*

❶ Pristaniški trg
❷ Palast Belgramoni-Tacco
❸ Loggia
❹ Prätorenpalast
❺ Kathedrale
❻ Fontego
❼ Palast Almerigogna
❽ Fontana da Ponte
❾ Porta Muda

Seite 49

3

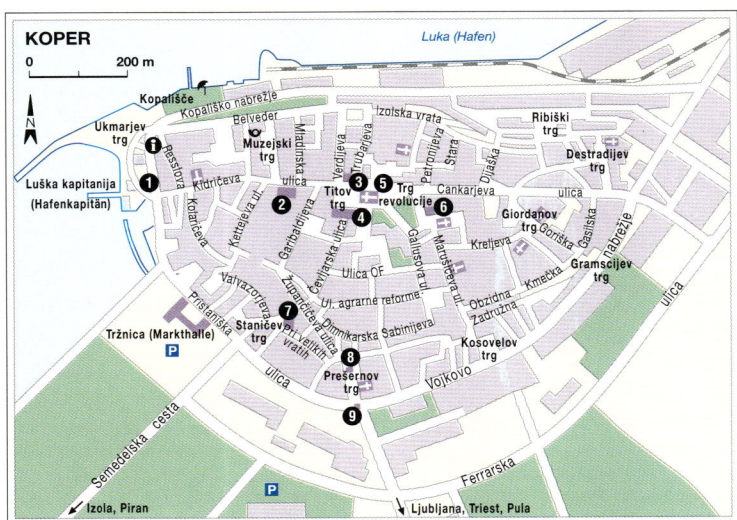

hinter reihen sich Hotels, Restaurants, Diskotheken, Souvenirläden, Eisdielen und Cafés aneinander, es gibt Nachtlokale, Sportanlagen und ein Spielkasino im Hotel Metropol und das ganze Jahr über ist immer etwas los: Konzerte und Kongresse, Feste und Veranstaltungen aller Art. Thermal- und Schlammbäder sowie Meerwasserkuren versorgen Heilungsuchende, einige Hotels sind auch im Winter geöffnet.

3

Seite 49

Skulpturenpark

Im Ortsteils *Seča/Sezza* oberhalb von Portorož liegt das Skulpturen-Freilichtmuseum **„Forma viva"**, wo von der Kurverwaltung eingeladene Bildhauer ihre Werke ausstellen.

Tipp Nur zwei Stunden bis nach **Venedig** braucht das Katamaranboot „Prince of Venice", das von April bis Mitte Oktober Ausflügler aus Istrien in die Lagunenstadt bringt. Auskunft und Buchungen: Kompas Obala 31, ☎ 7 31 60.
Für Aktive: Der große Jachthafen („Marina") hat über 1000 Liegeplätze. Daneben gibt es ein Tenniszentrum, einen Golfplatz, eine Go-Kart-Bahn, Reitställe und einen Fahrradverleih an der Promenade.

 Turistična informativna pisarna, Obala 16, 6320 Portorož, ☎ 0 66/74 70 15.

 Grand Hotel Palace, Obala 45, ☎ 74 70 41, 🖷 74 72 60. Ehrwürdiger Hotelpalast von 1912, inzwischen renoviert; guter Ruf als Kurhotel. ⑤⟩⟩
Grand Hotel Metropol, Obala 77, ☎ 74 69 50, 🖷 74 68 93. Fast schon Luxusklasse, mit Spielkasino. ⑤⟩⟩
Slovenija, Obala 33, ☎ 74 70 51, 🖷 74 72 39. Gut geführtes Haus am Strand. ⑤⟩
Pension Korotan, Obala 11, ☎ 7 30 50, 🖷 7 33 96. Bescheiden, aber bequem. ⑤

△ **Lucija,** Seča 204, ☎ 7 50 86. Einfacher Platz, für kürzeren Aufenthalt geeignet.

Hotels außerhalb:
Grand Hotel Emona, Bernardin, ☎ 0 66/4 75 10 00, 🖷 7 44 87. Komfortables, etwas steriles Strandhotel, terrassenförmig an einem steilen Felsen zum Meer angelegt. ⑤⟩⟩
Bernardin, ☎ 4 75 00 00, 🖷 7 64 81. Empfehlenswerte Hotelanlage westlich von Portorož, auf dem Weg nach Piran, mit eigenem Jachthafen. ⑤⟩

 Asterina, Istrskega odreda 5, ☎ 7 60 24. Gehobenes Restaurant in Lucija. ⑤⟩⟩
Ribič, Seča 143, ☎ 7 07 90. In Seča oberhalb der Salinen; empfehlenswert sind Fisch und Meeresfrüchte. ⑤⟩

** Piran/Pirano

Um nach Piran, einer der großen Sehenswürdigkeiten des slowenischen Küstenlands, zu gelangen, zweigt man von der nach Koper nach Portorož führenden Hauptstraße in *Lucija/Lucia* nach rechts ab (5 km).

Die Anfänge des Ortes reichen bis ins 5. Jh. zurück. Als im Jahr 452 Attilas Hunnen die römische Großstadt Aquileja im Isonzodelta zerstörten, gelang es einigen ihrer Einwohner sich über den Golf von Triest zu retten. Sie setzten sich auf der Halbinsel fest, auf der heute Piran steht. 1283 geriet die Stadt unter venezianische Herrschaft und blieb es, bis 1797 Napoleon die Republik auflöste. Bis ins 19. Jh. hinein lebten die Piraner vom Fischfang, vom Seehandel und Schmuggel mit Öl, Wein und Salz, das in den benachbarten Salinen gewonnen wurde.

Rundgang

Am Hafen entlang gelangt man zum innersten Hafenbecken *Mandrač* (das aus dem Griechischen stammende Wort bedeutete ursprünglich „Schafspferch") und zum **Seefahrtsmuseum** (*Pomorski muzej*) ❶ mit Sammlungen über Seefahrt, Fischerei und die harte Arbeit der Salinenarbeiter. Auf dem ovalen *Tartiniplatz (Tartinijev trg)*, einem längst zugeschütteten Teil des Hafenbeckens, steht das Denkmal des gebürtigen Piraner Violinvirtuosen und Komponisten Giovanni Tartini (1692–1770). Auffällig ist an dem Platz ein kleiner roter Palazzo, genannt * **Venezianisches Haus** *(Benečanka)* ❷, mit einem Eckbalkon und

Über Piran erhebt sich die Kirche St. Georg mit ihrem Campanile

Fenstern in venezianischer Gotik; er stammt aus der Mitte des 15. Jhs. Ein paar Häuser weiter steht die kleine klassizistische **Peterskirche** ❸, daneben Tartinis Geburtshaus. Auf der Westseite des Platzes wurden 1891 der historisierende **Justizpalast** ❹ und 1877 das in österreichischem Repräsentationsstil gehaltene **Rathaus** ❺ erbaut.

Das * **Aquarium** ❻ auf der Westseite des Mandrač gibt einen Überblick über die Meeresfauna der Adria. Daneben erinnert das **Tartini-Theater** ❼ nochmals an den berühmten Sohn der Stadt.

❶ Seefahrtsmuseum
❷ Venezianisches Haus
❸ Peterskirche
❹ Justizpalast
❺ Rathaus
❻ Aquarium
❼ Tartini-Theater
❽ Fontana
❾ St. Klemens
❿ Georgskirche
⓫ St. Franziskus
⓬ Stadtmauer
⓭ Marciana-Tor

3

Seite **49**

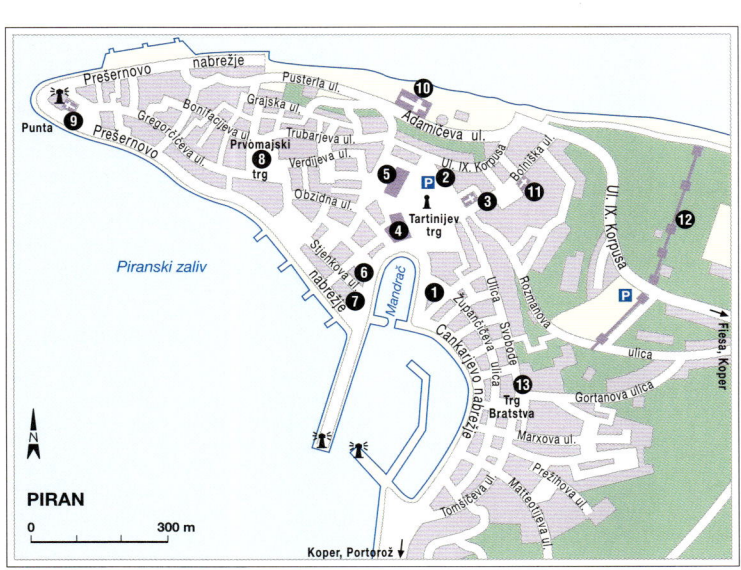

PIRAN

0   300 m

Koper, Portorož ↓

Nun geht man die Uferpromenade *Prešernovo nabrežje* mit Cafés, Eisdielen, Fischlokalen und Andenkenläden entlang oder durch das Gewirr der kleinen malerischen Gassen zum *Prvomajski trg* („Platz des 1. Mai") mit der barocken Brunnenanlage **Fontana ❽**. Auf der äußersten Spitze der Halbinsel, der *Punta*, stehen ein Leuchtturm und die Kirche **St. Klemens ❾** aus dem 18. Jh., ein schöner Abschluss des Stadtbilds mit Ausblick.

Noch mehr Panorama bietet die **٭Georgskirche** *(Sveti Jurji)* **❿** 36 m hoch über Piran, 1637 auf den Mauern eines älteren Baus errichtet. Daneben erhebt sich der *Campanile* (1609), er gleicht seinem Vorbild, dem Glockenturm von St. Markus in Venedig, aufs Haar. Im achteckigen *Baptisterium* daneben (1650) dient als Taufbecken ein römischer Sarkophag mit einem Relief.

Steigt man von hier aus hinunter in den Ostteil der alten Stadt, kommt man zur barockisierten Kirche **St. Franziskus ⓫** mit dem Minoritenkloster, dessen ältester Teil aus dem Jahr 1301 stammt.

Das alte Piran ist auf der Landseite noch fast vollständig von der **Stadtmauer ⓬** mit ihren Wehrtürmen umschlossen. Zur Stadtbefestigung gehörte auch das **Marciana-Tor ⓭** von 1534, über dessen Renaissancebogen der venezianische Markuslöwe prangt.

Tartini, Tartinijev trg 15, ☎ 74 62 21, 🖷 74 63 24. Am inneren Hafen. Ⓢ
Piran, Stjenkova 1, ☎ 74 61 10, 🖷 74 61 01. Zentral in einer Seitengasse am Hafen, frisch renoviert. Ⓢ
Val, Gregorčičeva 38, ☎ 7 37 73. Einfache Pension in der Altstadt. Ⓢ

△ **Autocamp Strunjan,** 5 km westlich, ☎ 7 36 38, 🖷 7 88 38. Guter Platz.

Pavel & Pavel II, Prešernovo nabrežje, ☎ 7 36 19, 🖷 73 618. An der Hafenpromenade, Fisch und Meeresfrüchte. Ⓢ
Verdi, Verdjeva 18, ☎ 7 51 94. Trattoria mitten in der Altstadt. Ⓢ

Route 4

Der Osten: Von der Drau zur Save

Spielfeld/Šentilj – ٭Maribor – Celje (– ٭٭Logartal – ٭Steiner Alpen) – ٭٭Ljubljana (144 km)

Verlässt man das österreichische Bundesland Steiermark, erreicht man Slowenien dort, wo die Mur aus der südsteirischen Ebene nach Osten abbiegt, und fährt hinein in die lieblichen Rebenhügel der Slovenske gorice, der Windischen Bühein. Unten im Tal der Drau liegt die zweitgrößte slowenische Stadt, Maribor. Am Ostrand des Pohorje-Gebirges und am Westrand des Draufelds entlang führt die Route zum sehenswerten Städtchen Slovenska Bistrica, dann unter den Ausläufern der Sanntaler Alpen in das Hopfenland um die Industriestadt Celje. Durch eine waldreiche Voralpenlandschaft erreicht sie über den Trojane-Pass das Savetal und die Hauptstadt Ljubljana. Abstecher erschließen die großartigen Alpentäler des slowenisch-österreichischen Grenzgebirges. Ohne Besichtigung von Maribor und ohne Abstecher lässt sich die Strecke in einem Tag bewältigen. Mit der Bahn gibt es eine Direktverbindung von Maribor über Celje nach Ljubljana, es verkehren Linienbusse.

Von Šentilj nach Maribor

Von Graz aus enden Autobahn und Landstraße in *Spielfeld* an der slowenischen Grenze, drüben in *Šentilj* kontrollieren Beamte mit dem Triglav-Wappen an der Mütze die Papiere der Reisenden. Hier fanden im Juni 1991 Kämpfe der Jugoslawischen Volksarmee gegen die „separatistische" slowenische Territorialverteidigung statt.

Nach 16 km durch die Rebhügel der für ihren Wein berühmten *Slovenske gorice,* deutsch Windische Büheln, und hinunter ins Tal der Drau (slow. Drava) ist * *Maribor* (s. S. 37) erreicht.

Slovenska Bistrica

35 km südlich von Maribor unter den Abhängen des Pohorje, des Bacherngebirges (s. S. 40), liegt Slovenska Bistrica *(Windisch-Freistritz),* eine kleine Industriestadt. Das Schloss der Grafen von Attems (17. Jh.) besitzt ein freskengeschmücktes Treppenhaus und einen repräsentativen Rittersaal; im Park lädt eine Buchenallee zum Spaziergang ein.

 Turistična agencija Sajko, Trg svobode 8, 2310 Slovenska Bistrica, ☎ 0 62/81 40 02.

🚋 An der Strecke Maribor–Celje.

 Pension Golob, Zgornja Polskava, ☎ 81 68 92. Ruhig, an der Straße nach Maribor. Ⓢ

Der kleine venezianische Palast steht am Tartiniplatz von Piran

4

Seite
77

Die barocke Mariensäule in Celje

Aufstieg und Fall des Hauses Cilli

Im Herbst des Mittelalters, als die Große Pest Europa entvölkert hatte, als Weltuntergangsstimmung herrschte, Scharen von Büßern durch die Länder zogen und die Türken auf dem Balkan vordrangen, wurde auf der Oberen Burg von Cilli, dem heutigen Celje, große Politik gemacht. Hier saßen die Nachkommen der Herren von Saneck, Besitzer einer bescheidenen Ritterburg über dem Oberlauf der Sann, die es zur Grafenwürde und zu Reichtum gebracht hatten. Auf dem Kreuzzug von 1393 gegen die Türken hatte Graf Hermann nach der Niederlage von Nikopolis an der Donau dem Ungarnkönig Sigismund das Leben gerettet. Damit begann der Aufstieg des Hauses Cilli.

Der verwitwete Sigismund, der bald auch deutscher König und Römischer Kaiser werden sollte, heiratete Hermanns Tochter, die schöne Barbara,

vom Volk „die schwarze Königin" genannt – der Höhepunkt der gräflichen Heiratspolitik. Denn eine Cillierin war bereits Königin von Polen geworden und die Frauen der Grafen waren Fürstinnen und Königstöchter aus Kroatien, Bosnien, Serbien und Polen. 1436, als Sigismund die böhmische Krone erhielt, wurden die Grafen zu Reichsfürsten erhoben. Sie hatten Besitzungen nicht nur in der Untersteiermark, sondern auch in Krain, Kärnten, Kroatien und Ungarn.

Als es nach Sigismunds Tod zum Streit um die ungarische Thronfolge kam, wurde Ulrich II., der letzte seines Stamms, 1456 im damals ungarischen Belgrad von László, dem Sohn des Reichsverwesers János Hunyadi, ermordet. Das Erbe der Cillier traten, wie überall zwischen Bodensee und Karpaten, die Habsburger an.

Celje

Die Landstraße macht nun einen Bogen nach Westen und erreicht *Slovenske Konjice,* 46 km, das alte Gonobitz im Tal der Dravinja. Durch Obsthaine und Hopfengärten zieht sie weiter nach *Vojnik* und ins Becken von Celje.

Celje, 71 km, die drittgrößte Stadt Sloweniens mit rund 40 000 Einwohnern, ist zwar im romantischen Tal der Savinja (Sann) sehr schön gelegen, leidet aber wegen starker Industrialisierung unter der schlimmsten Luftverpestung des Landes. Die illyrische Siedlung war schon in keltischer Zeit eine bedeutende Stadt, die Römer nannten sie nach Kaiser Claudius Claudia Celeia. Das blühende Municipium wurde 452 von den Hunnen verwüstet. Im Mittelalter war die von der deutschen Bevölkerung Cilli genannte Stadt Sitz eines Grafengeschlechts, das seine Macht weit über die Untersteiermark hinaus ausdehnte (s. S. 73). Nach dessen Aussterben fiel Cilli ans habsburgische Herzogtum Steiermark. Um 1469 scheiterte ein türkischer Angriff an den mächtigen Befestigungen.

Seit dem 19. Jh. war Celje Schauplatz schärfster Spannungen zwischen der deutschen und slowenischen Bevölkerung. Während der deutschen Besatzung (1941–1945) kam es zu brutalen Repressionen gegen alle, die sich der „Eindeutschung" widersetzten (s. S. 75).

Ausblick

Etwa eine halbe Stunde braucht man in Celje hinauf zur * *Burg Obercilli (Stari grad),* einst die stärkste Festungsanlage der Region. Sie wurde im 13. Jh. errichtet, von den Cillier Grafen ausgebaut und im 17 Jh. aufgegeben. Gut erhalten ist der mächtige Friedrichsturm, von dem aus man einen weiten Blick bis in die Sanntaler und Steiner Alpen genießt. (Kleines Restaurant.)

Rundgang

In der Altstadt steht die gotische Kirche * *St. Daniel* aus dem 14. Jh. mit schönen alten Fresken, dazu gehört die Siebenschmerzen-Kapelle, eine Stiftung der Grafen aus dem Jahr 1400, in der eine gotische Pietà zu sehen ist. In der *Minoritenkirche St. Maria* sind die Grafen Hermann I. und II. kniend vor Maria mit dem Kind dargestellt. Die *Grafei (Grofija),* ein Palast aus der Spätrenaissance am Ufer der Savinja, war Sitz der habsburgischen Verwaltung. Sehenswert ist das monumentale illusionistische Deckengemälde aus der Zeit vor 1603. Das Gebäude beherbergt heute das Landesmuseum.

Turistično društvo, Prešernova 17, 3000 Celje, ☎ und 🖷 0 63/48 10 62.

🚌 Strecke Maribor–Ljubljana.

Evropa, Krekov trg 4, ☎ 44 34 00, 🖷 44 34 34. Älteres Haus am Bahnhof. Ⓢ
Merx, Ljubljanska 39, ☎ 45 23 50, 🖷 45 14 01. Gut eingerichtet, aber an einer lauten Ausfallstraße gelegen. Ⓢ
Turska Mačka, Gledališka ulica 7, ☎ 48 46 11, 🖷 44 29 08. Einfach, aber empfehlenswert; gutes Restaurant. Ⓢ
Celeia, Mariborska cesta 3, ☎ 44 31 51, 🖷 48 51 60. Bescheidenes Hotel aus den fünziger Jahren. Ⓢ

Istrska konoba im Hotel Turška mačka. Originell eingerichtet, gute Küche. Ⓢ))
Špital, Slomškov trg 5, ☎ 42 52 20. In der Altstadt, einheimische Kost. Ⓢ)

Von Celje in das untere Savinjatal

Von Celje aus kann man einen Ausflug ins untere Savinjatal machen, wo der Fluss die nördlich der Save dahinziehenden Zasavje-Berge durchbricht. Nach 11 km ist der Kurort **Laško** *(Tüffer)* mit warmen radioaktiven Quellen (heilsam vor allem bei Bandscheibenerkrankungen) erreicht. Hier wird auch das beliebte „Laško pivo" gebraut. Das nächste Heilbad ist **Rimske Toplice** *(Römerbad)*, ebenfalls mit warmen radioaktiven Quellen (Freibad und Hallenbad). Weiter nach Süden kommt man zur Mündung der Savinja in die Save bei **Zidani most** *(Steinbrück).*

Von Celje in die Sanntaler Alpen

Žalec und Šempeter

Auf der Weiterfahrt von Celje nach Westen passiert man den Hopfenort *Žalec*, den Mittelpunkt eines bedeutenden Hopfenanbaugebiets, und danach *Šempeter (St. Peter)*, wo eine römische *Nekropole aus dem 1. und 2. Jh. n. Chr. freigelegt wurde. Die 315 m lange und 9 m breite Gräberstraße war bei einer Überschwemmung im 3. Jh. von

Das Grabmal der Priscia in der römischen Nekropole von Šempeter

4

Seite 77

„Nicht eindeutschungsfähig"

Jahrhundertelang lebten im heutigen Slowenien Slawen und Deutsche meist friedlich nebeneinander, obwohl die adeligen und geistlichen Herren, die über die slowenischen Bauern, über Knechte und Mägde geboten, deutscher Herkunft waren, und ebenso die Meister, die das Sagen in Gewerbe, Handwerk, Handel und später Industrie hatten. In den Städten gab das deutsche Bürgertum den Ton an. Slowenisch galt als Bauernsprache, Aufsteiger mussten die deutsche Sprache lernen.

Das änderte sich im Lauf des 19. Jahrhunderts, als Slowenen ins Bürgertum aufgestiegen waren und die Ideen der Französischen Revolution ein nationales Selbstbewusstsein geweckt hatten. In den Städten nahm die slowenische Bevölkerung zu und die bescheidenen wirtschaftlichen Erfolge des slowenischen Bürgertums erregten bei den „Verteidigern des deutschen Volkstums" Angst vor der „slawischen Flut".

Am Vorabend des Ersten Weltkriegs erreichten die Spannungen zwischen den beiden ethnischen Gruppen einen Höhepunkt. Gegenseitiges Misstrauen und Hass veranlassten nach 1918 viele Deutsche das Land zu verlassen.

1941 teilten Deutschland und Italien Slowenien unter sich auf; die Nazis betrieben die Auslöschung des Slowenentums als „Lösung der slowenischen Frage". Die „rassisch einwandfreie" Bevölkerung sollte „eingedeutscht" werden, nicht „Eindeutschungsfähige" wurden nach Serbien und Kroatien ausgesiedelt oder kamen ins KZ. Deutsch wurde alleinige Amts- und Schulsprache. Viele Slowenen flüchteten daraufhin in die Wälder und kämpften als Partisanen gegen die Besatzer. Ihre Aktionen und Anschläge wurden mit Geiselerschießungen, Folter und Repressalien gegen die Angehörigen brutal vergolten. Nach dem Krieg verließen die meisten Deutschen aus Angst vor Racheaktionen der Sieger das Land.

der Savinja zugeschüttet worden. 1952 wurde sie entdeckt, als man hier Schotter abbaute. Die meisten Grabmäler, die sich die Oberschicht des nahen Celeja hier errichtete, sind prächtig mit Säulen, Giebeln und Reliefs geschmückt.

Campingplatz Dolina, 3312 Prebold, ☎ 0 63/72 35 01. Gepflegter Platz.

Oberes Savinjatal

Hinter Šempeter, 13 km westlich von Celje, zweigt von der Hauptroute nach Ljubljana eine Straße nach Nordwesten ins obere Savinjatal ab. Links thront über dem Tal die Ruine der Burg *Sanneck (Žovnek),* der ursprüngliche Sitz der Grafen von Cilli (s. S. 73).

Tipp In den Räumen der Burg, einer der schönsten Festungen Sloweniens, wurde ein besuchenswertes **Bergbaumuseum** eingerichtet.

Nach 12 km kann man rechts in die Industriestadt *Velenje* (27 100 Einw.) fahren, wo bis vor einigen Jahren Braunkohle abgebaut wurde. Bei * **Mozirje** (Bauernhausmuseum) geht das Hügelland in die Gebirgslandschaft der Sanntaler Alpen über. Das Ferienzentrum **Golte** ist bei Erholungsuchenden wie bei Sportlern beliebt; das gleichnamige Skigebiet liegt in Höhen von 1400 bis 1588 m (2 Schlepplifte). Die Waldschlucht wird nun enger, man erreicht das Dorf **Ljubno.** Hier wurden bis zum Zweiten Weltkrieg Holzstämme zu Flößen vereinigt, die dann die Savinja bis zur Save und zur Donau hinuntertrieben. In **Luče** (24 km von Mozirje) wird das Savinjatal wildromantisch.

Camping Menina, 3332 Rečica ob Savinji, ☎ und 🖷 0 63/83 17 87. Ruhiger, gut ausgestatteter Platz, Wirtshäuser in der Nähe.

Das ** Logartal

An der 40 m hohen Felsnadel *Igla* vorbei kommt man zum Bergdorf *Solčava* (680 m), wo eine Abzweigung ins *Logartal (Logarska dolina)* hineinführt, das von den eiszeitlichen Gletschern der Sanntaler Alpen ausgehoben wurde. Die Straße endet in einem 754 m hoch gelegenen Talkessel, umstanden von den Südwänden der Karawankengipfel und den Nordwänden der Sanntaler Alpen. Im Talschluss von *Okrešelj* (Berghütte Frischaufov dom) entspringt die Savinja, eine der Quellen ist der aus 90 m Höhe herabstürzende Wasserfall * *Slap Rinka.*

ROUTEN 4–6

0   15 km

Über den Trojane-Pass nach Domžale

Die Straße nach Ljubljana steigt über *Vransko* hinauf zum 609 m hohen *Pass Trojane,* 106 km, auf dem Reste der römischen Poststation Atrans ausgegraben wurden. Vom Pass bietet sich ein schöner Blick auf die Steiner Alpen.

Durch hügelige Voralpenlandschaft geht es wieder hinunter in das Becken

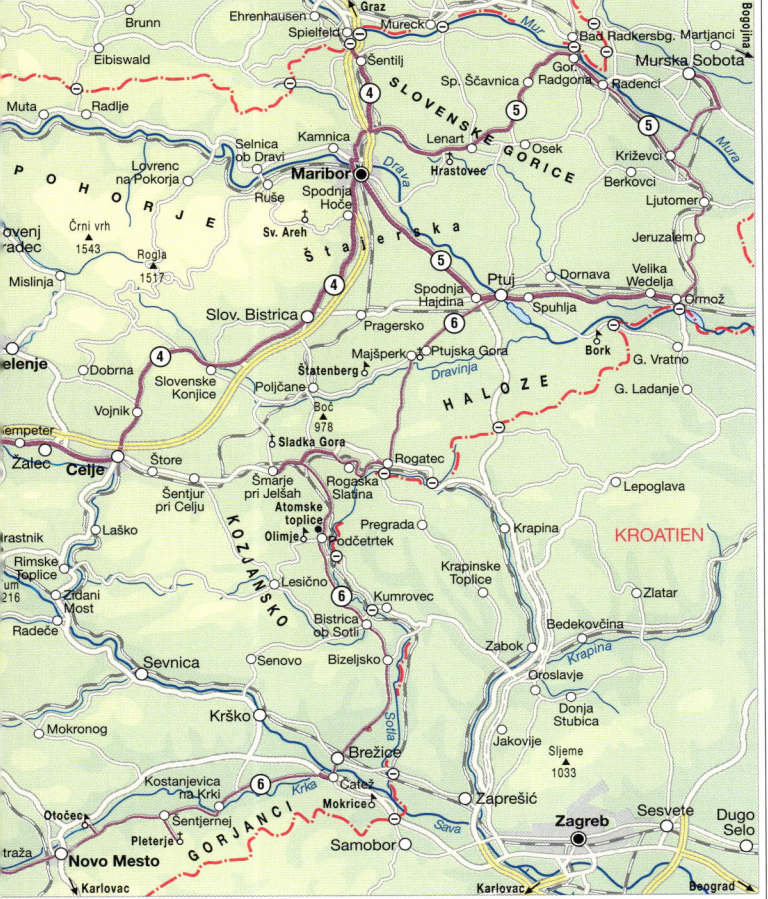

4

Seite
77

Polyglott **77**

von Ljubljana und nach *Domžale*, 130 km, einer kleinen Industriestadt (11 000 Einw.), die bereits zur Region der slowenischen Hauptstadt gehört. Von hier aus oder vom 3 km weiter westlich gelegenen Trzin kann man in die Steiner Alpen fahren.

Abstecher in die *Steiner Alpen

Von *Trzin* führt die Straße vorüber am Schloss *Jablje* (16. Jh., barocke Fresken) nach **Mengeš**, wo in der Kirche St. Michael eine von Plečnik (s. S. 34) gestaltete Taufkapelle zu sehen ist, und weiter aus der Ebene ins Hügelland nach **Kamnik** (11 km).

Die Stadt (10 000 Einw.), die einst Stein hieß, war am Ende des 11. Jhs. Mittelpunkt der krainischen Besitzungen der Grafen von Andechs-Meranien. Eine Reihe von Häusern entlang der Hauptstraße bildet den alten Stadtkern, über dem die Alte Burg *(Stari grad)* und die Kleine Burg *(Mali grad)* aufragen.

 Turistično informativni center, Glavni trg 23, 1240 Kamnik, ☎ 0 61/ 83 14 70, 🖶 83 11 76. Auskünfte zu Unterkünften und Freizeitangeboten.

🚃 Nebenstrecke Ljubljana–Kamnik.

 Pri gamsu, 1242 Stahovica 31, ☎ 82 55 88. Gut geführte Pension „Zum Gamsbock" mit Gastwirtschaft; slowenische Hausmannskost. ⑤

△ **Resnik,** Maistrova 15, ☎ 83 12 33. Sportmöglichkeiten und Schwimmbad.

Im Tal der *Kamniška Bistrica* geht es nun 13 km aufwärts zum Unterkunftshaus *Dom v Kamniški Bistrici* in einem Talschluss, der umstanden ist von den Gipfeln der Steiner Alpen: links die Grintavec (2558 m) und die Skuta (2533 m), rechts die Ojstrica (2350 m).

Von *Domžale* (s. S. 77) sind es nur noch 14 km bis zur slowenischen Hauptstadt **Ljubljana,** 144 km, s. S. 29.

Route 5

Die Slowenische Weinstraße

*Maribor – **Ptuj – **Jeruzalem – Ljutomer (– Murska Sobota) – Lenart – *Maribor (89 km)

Eine Rundfahrt für Genießer durch eine liebliche Landschaft: Über den Rebhügeln stehen idyllische Winzerdörfer, in den Tälern malerische Städte, auf Schritt und Tritt findet man Weinschenken mit guten Tropfen und kräftiger ländlicher Kost.

Von Maribor geht die Route durch die Drauebene zur uralten Weinstadt Ptuj und weiter nach Osten zur kroatischen Grenze bei Ormož, wo man nach Norden in die Slovenske gorice, die Windischen Bühlen, einbiegt, das klassische Weinland Sloweniens. Wo die Hügel sich zum Fluss Mur hin abflachen, bietet sich ein lohnender Abstecher in die Ausläufer der Pannonischen Ebene an. Über den Kurort Radenci geht die Fahrt zurück nach Maribor. Wenn man den Verlockungen dieser mit Wein und gutem Imbiss gesegneten Gegend nicht allzu sehr nachgibt, kann man die Rundfahrt in einem Tag absolvieren.

Von *Maribor (s. S. 37) aus fährt man durch die fruchtbare Ebene *Dravsko polje (Draufeld)* am rechten Ufer der Drau nach Südosten. In *Spodnja Hajdina,* 22 km, zweigt nach links die Zufahrt nach Ptuj (4 km) ab, während die Hauptstraße nach Süden zur kroatischen Grenze und nach Zagreb führt.

**Ptuj

Sloweniens älteste Stadt ist eine der schönsten und interessantesten des Landes. Hier, an einem sehr günstigen

Übergang über die Drau, gab es schon in der Jungsteinzeit eine Siedlung an der Bernsteinstraße, die später im keltischen Königreich Noricum eine wichtige Rolle spielte.

15 v. Chr. kamen die Römer, sie errichteten am rechten Drau-Ufer ein befestigtes Lager an der Militärstraße von Oberitalien nach Pannonien. Im Jahr 69 n. Chr. wurde hier Vespasian von den Soldaten zum Kaiser gewählt. Unter dem Namen Poetovio dehnte sich die Stadt auch am linken Drau-Ufer aus. Zwar wurde sie in der Völkerwanderung zerstört, blieb aber weiterhin besiedelt. Im 9. Jh. kam sie als Lehen zu den Salzburger Bischöfen. In der Zeit der Türkenkriege wurde die deutsch Pettau genannte Stadt zur Festung ausgebaut, sie unterstand den habsburgischen Landesherrn der Steiermark, die für die Türkenabwehr verantwortlich waren. Als Handelsplatz verlor sie ihre Bedeutung erst, als die Eisenbahn die Drauschifffahrt überflügelte.

Rundgang

Ptuj bietet vom südlichen Drau-Ufer aus einen malerischen Anblick: Hinter dem aufgestauten Strom ragt über den roten Dächern aus dem Grün der Bäume das stattliche **Schloss** *(Grad)* hervor. Es ist an der Stelle einer Römerfestung im 14. Jh. entstanden, wurde im 16. Jh. umgebaut und mit einem Arkadenhof ausgestattet. Es enthält ein interessantes Regionalmuseum (☾ Sommer tgl. 9–18 Uhr, Winter tgl. 9–16 Uhr).

Unterhalb der Burg steht am Ufer der Drau das ehemalige **Dominikanerkloster** mit seiner barocken Fassade aus dem 18. Jh. Hier sind die archäologischen Sammlungen untergebracht, darunter die Überreste römischer Mithräen (s. S. 80) (☾ Sommer tgl. 10 bis 15 Uhr; im Winter geschlossen).

Entlang der Drau kommt man zum mächtigen *Stadtturm (Mestni stolp)* und weiter zum **Minoritenkloster,** das 1239 gegründet wurde und im späten 17. Jh. sein heutiges Aussehen bekam.

Ptuj: Vom Schloss hat man einen schönen Blick auf die Altstadt

Arkadenhof im Schloss von Ptuj

5

Seite **77**

Das römische Orpheus-Denkmal auf dem Slowenischen Platz

Tipp! „Vinska klet" heißt der **Weinkeller** in der Trstenjakova ulica 6. Sein ältester Jahrgang wurde 1917 gekeltert. Besichtigung mit Weinprobe tgl. außer an So und Feiertagen nach Absprache (☎ 77 28 21).

Durch die *Krempljeva ulica* mit schönen alten Häusern erreicht man den **Stadtplatz** *(Mestni trg)* mit dem *Rathaus* (*Rotovž;* 1906/07) und der Florianssäule von 1745.

Weiter geht es durch die *Murkova ulica* zum dreieckigen **Slovenski trg** mit dem *Stadtturm (Mestni stolp)* aus dem 16. Jh., in den Grabsteine aus der Römerzeit eingemauert sind. Davor steht das bedeutendste römische Erbstück der Stadt, das ** *Orpheus-Denkmal,* ein 5 m hoher Marmorblock, errichtet im 2. Jh. n. Chr. für den angesehenen Bürger Marcus Aurelius Verus. In den Stein sind Reliefs eingemeißelt, die den Mythos des Sängers Orpheus erzählen. Im Mittelalter stand die Stele im Dienst der Justiz, sie diente als Pranger. Hinter dem Stadtturm erhebt sich die gotische Fassade der *Stadtpfarrkirche St. Georg*

(Sveti Jurji), an der vom 12. bis ins 15. Jh. gebaut wurde. Am Slowenischen Platz und in der anschließenden *Prešernova ulica* unterhalb des Burgbergs reihen sich schöne alte Häuser aneinander.

 TIC Ptuj, Slovenski trg 14 (im Stadtturm), 2250 Ptuj, ☎ 0 62/77 96 01.

🚃 An der Strecke Maribor–Ormož.

 Poetovio, Trstenjakova 13, ☎ 77 98 20, 📠 77 98 24. Am Rand der Altstadt. Ⓢ
Mitra, Prešernova 6, ☎ 71 12 81, 📠 77 11 11. In der Altstadt, gepflegt, mit den Resten eines Mithräums. Ⓢ

Das Schwemmland Ptujsko polje

Östlich von Ptuj erstreckt sich die Ptujsko polje (Pettauer Feld), das Schwemmland zwischen der Drau im Süden und den Slovenske gorice im Norden. 4 km von Ptuj, in *Spuhlja,* führt ein Abstecher (9 km) zur Burg **Borl** *(Ankenstein)* auf einem steilen Felsen oberhalb des rechten Ufers der Drau. Von Spuhlja 8 km nach Nordosten kommt man zum schönsten Barockschloss des Landes, **Dornava** *(Dornau),* erbaut in den Jahren von 1700 bis 1708 und von einem weiten Park umgeben. Im Pettauer Feld sieht man die ersten strohgedeckten Bauernhäuser vom pannonischen Typ. Das Dorf **Velika nedelja** *(Großsonntag)* am Ende des Ptujsko polje wird von der Kirche *Sveta Trojica* (Dreifaltigkeit) und vom viertürmigen Schloss der Deutschordensritter (13.–19. Jh.) beherrscht.

Ormož

An der kroatischen Grenze, die hier von der Drau gebildet wird, liegt die Stadt Ormož, 51 km, Mittelpunkt eines Zuckerrüben-Anbaugebiets unterhalb üppiger Weinberge. Das alte Friedau war lang im Besitz der Deutschordensritter. Stadt und Burg wurden mehrmals vergebens von den Türken berannt. Die eigentliche Attraktion von Ormož ist der sieben Stockwerke tiefe Weinkeller *Vinska klet* (Besichtigung nach Voranmeldung, ☎ 70 13 21).

 Turistična agencija Certus, Vrazova 5, 2270 Ormož, ☎ und 📠 0 62/70 15 05.

🚌 An den Strecken Ptuj–Čakovec (Kroatien), Ormož–Ljutomer–Murska Sobota und Radenci/Bad Radkersburg.

 Ormož, Vrazova 5, ☎ 70 11 21, 📠 70 20 04. Einfaches Hotel; Restaurant. Ⓢ

** Slowenische Weinstraße

In Ormož beginnt die eigentliche Slowenische Weinstraße *(Slovenska vinska cesta),* die aus der Drauebene nach Norden sanft ins Hügelland aufsteigt. Sie verläuft durch die Täler der kleinen Flüsse, die der Drau oder der Mur zustreben, über weite Strecken hin aber auch auf den Kämmen der Hügel, die von den langen Reihen der Weinterrassen gegliedert sind. Die Dörfer und Weiler der Winzer sitzen meist oben auf den Kuppen, sie bieten schöne Ausblicke über das Land.

** Jeruzalem

Von der Straße nach Ljutomer zweigt hinter *Libanja* kurz vor dem Bahnhof von *Ivanjkovci* nach rechts eine Straße zum Streudorf *Mihalovci* ab und führt kurvenreich hinauf nach *Jeruzalem,* einem kleinen Ort in 338 m Höhe mit einem phantastischen Rundblick über die weinbewachsenen Hügel. Im Herbst erfüllt das vielstimmige Geklapper der Windräder (s. S. 83) die Luft. Um die Wallfahrtskirche der Schmerzensreichen Muttergottes gruppieren sich ein paar schöne Häuser. Den biblischen Namen verdankt der Ort dem Bildnis der Gottesmutter, das Pilger im Mittelalter aus dem Heiligen Land mitgebracht haben. Eine Legende dagegen berichtet, dass Ritter, die sich einem Kreuzzug nach Jerusalem anschließen

Das Bratonič-Haus in der Prešerengasse ist das älteste von Ptuj

5

Seite **77**

Ostsloweniens Hügel und Täler sind reich an Weinreben und Obst

wollten, hier feststellten, dass das Geld für die Überfahrt durch Adria und Mittelmeer nicht reichen würde. Sie beschlossen in dieser angenehmen Gegend zu bleiben und nannten sie nach ihrem aufgegebenen Ziel.

Im **Gostišče Jeruzalem** wird der Gast mit Wein und einem guten Imbiss versorgt.

Ljutomer

Bei *Radomerje* erreicht man wieder die Straße nach *Ljutomer,* 71 km, am südlichen Rand der Murebene. Der Marktflecken hat einen schönen Hauptplatz mit einer Mariensäule vor dem klassizistischen Rathaus.

Bei der Weiterfahrt in Richtung Radenci empfiehlt sich bei Križevci ein Abstecher ins Prekmurje (Übermurgebiet).

5

Seite 77

Abstecher ins * Prekmurje

Die nördlichste und östlichste Landschaft Sloweniens, das „Land jenseits der Mur", hat einen ganz eigenen Charakter: Im Süden dehnt sich flaches Land aus, das in die Pannonische Ebene übergeht, mit Straßendörfern, endlosen Maisfeldern, Storchennestern auf Dächern, Kaminen und Leitungsmasten. Die Bauernhäuser sind vielfarbig bemalt, sie haben Strohdächer und auf den Balkonen hängen Girlanden aus Paprikaschoten. Im Norden steigt ein Hügelland auf, ein Ausläufer der Ostalpen, der vom österreichischen Burgenland bis zum ungarischen Plattensee reicht; es gipfelt im 387 m hohen Dreiländereck.

Murska Sobota

Von *Križevci* an der Straße Ljutomer-Radenci fährt man über die Drau und erreicht nach 18 km Murska Sobota, die Hauptstadt des Prekmurje. In der Stadt mit rund 14 000 Einwohnern hat sich hauptsächlich Lebensmittelindustrie angesiedelt. Seit dem 10. Jh. gehörte der Ort zu Ungarn und König Matthias Corvinus verlieh ihm 1479 die Stadtrechte. Sehenswert ist das *Renaissanceschloss,* das von einem großen Park umgeben ist. Von Murska Sobota geht eine Straße 12 km weit nach Radenci (s. u.), wo sie wieder auf unsere Hauptroute trifft.

Pomurska turistična zveza, Trg zmage 8, 9000 Murska Sobota, ☎, FAX 0 69/3 29 39.

Ljutomer.

Diana, Slovenska ulica 52, ☎ 1 42 00, FAX 3 20 97. Bescheidenes Haus; zentral. $

Rajh, Sobošca 32, ☎ 4 30 98. Eine Jury von Feinschmeckern hat das schöne Lokal kürzlich zum „besten Gasthaus Sloweniens" gekürt. $$

Kunstgenuss

Kunstfreunden sei ein Ausflug an den Rand der Prekmurje empfohlen. 4 km nördlich von Murska Sobota liegt das Dorf **Martjanci** mit der gotischen Kirche *St. Martin,* die 1392 von Meister Johann Aquila aus Radkersburg erbaut und mit Wandgemälden geschmückt wurde. 8 km weiter nach Osten erreicht man **Bogojina.** Hier baute von 1924 bis 1927 Jože Plečnik (s. S. 34) um eine romanische Kapelle herum die Kirche Christi Himmelfahrt mit einem säulengeschmückten Glockenturm.

Radenci

In dem Pomurje, „Land an der Mur", genannten, flachen und fruchtbaren Bauernland östlich der Mur gelangt man nach Radenci *(Radein),* 91 km, einem Heilbad für Herz- und Kreislaufkrankheiten mit modernen Kuranlagen. Die erste der neun genutzten Mineralquellen wurde 1833 entdeckt, der Kurbetrieb begann 1869. Das Mineralwasser „Radenska" mit den drei Herzen wird in viele Länder exportiert.

KAM, Kapelska 62, 9252 Radenci, ☎ und 📠 0 69/6 55 30.

🚃 An der Strecke Ormož–Gornja Radgona (–Bad Radkersburg).

 Radin und **Miral,** Zdraviliško naselje, ☎ 6 53 31, 📠 6 66 04. Moderne Kurhotels mitten im Kurpark. Ⓢ⟩⟩
Terapija, Zdravliško naselje, ☎ 6 53 31, 📠 6 66 04. Älteres Kurhotel, gut ausgestattet. Ⓢ⟩

Auf Schornsteinen, Dächern, Leitungsmasten klappern Störche …

… und in den Weinbergen der vom Wind angetriebene Klopotec

Gornja Radgona/ ** Bad Radkersburg

Nordwestlich von Radenci bildet die Mur die Grenze zu Österreich. Nach 8 km ist *Gornja Radgona* erreicht, das bis 1918 eine Vorstadt des steirischen Bad Radkersburg war. Hier steht auch die Burg Oberradkersburg, die einst den Murübergang schützte. Der kleine Marktflecken ist aber vor allem wegen seiner Weinkellereien bekannt.

 Grozd, Partizanska 21, 9250 Gornja Radgona, ☎ und 📠 0 69/6 13 25. Einfach. Ⓢ

Jenseits der Mur liegt auf österreichischem Boden *Bad Radkersburg,* eines der besterhaltenen malerischen Städtchen der Steiermark, das 1978 für die gelungene Denkmalpflege ausgezeichnet wurde. Zum ältesten Baubestand gehören die Stadtpfarrkirche aus dem 14. Jh. und die Befestigungsanlage aus der Renaissancezeit.

Die Slovenske gorice

Die Rundfahrt geht nun nach Südwesten weiter, wieder hinein in die Rebhügellandschaft der Slovenske gorice und zu ihrem Mittelpunkt, *Lenart,* 70 km, einem Marktflecken mit der einstigen Wehrkirche St. Leonhard (16. Jhs.).

Vorbei an der Burg *Hrastovec* (17. Jh.) geht es dann hinunter zur Straße Spielfeld/Šentilj–Maribor, der man bis nach * *Maribor,* 89 km, folgt.

Der klappernde Klopotec

Überall in den Windischen Bühlen, aber auch im südlich der Drau gelegenen Weinbaugebiet der Haloze-Berge, hört man im Herbst in den Weinbergen ein seltsames Geklapper in verschiedenen Tonhöhen und von unterschiedlicher Lautstärke. Das Geräusch kommt vom Klopotec: Da ragen zwischen den Rebstöcken auf Stangen montierte Windräder empor, vier bis zwölf Flügel drehen sich im Wind und hölzerne Klöppel schlagen auf ein Brett. Das laute Geklapper soll die Stare und andere Vögel verjagen, die scharf auf die reifen, süßen Trauben sind und zu Tausenden in die Weinberge einfallen. Noch vor ein paar Jahren schien es so, als ob die Klopotci ausgedient hätten, doch inzwischen stellen die Weinbauern wieder neue Windräder auf, die fröhlich über die Rebhügel hin klappern.

5

Seite **77**

Route 6

Durchs Unterland in die Untersteiermark

**Ljubljana – *Novo Mesto – Brežice – *Rogaška Slatina – **Ptuj (227 km)

Mittelgebirge und liebliches Hügelland begleiten den Weg von der slowenischen Hauptstadt nach Osten zur kroatischen Grenze und hinauf nach Norden in die Untersteiermark. Dolensko, Unterkrain und Suha Krajina, Trockene Mark, heißen die Landschaften, in denen sich Schlösser, Burgen und Wehrkirchen aus den Zeiten der Türkeneinfälle, Klöster und Bäder aneinander reihen. Man kommt zur flussumschlungenen Stadt Novo Mesto, zur großartigen Klosteranlage von Kostanjevica im Tal der Krka, an den Kurorten Šmarjenske Toplice, Podčetrtek und Rogaška Slatina vorbei und zum Rokokokleinod Šmarje pri Jelšah, der „slowenischen Wieskirche". Die 227 km lange Strecke auf Straßen meist abseits von Magistralen sollte man auf zwei Tage aufteilen.

**Kloster Stična

Auf den ersten 30 km ab **Ljubljana (s. S. 29) bleiben dem Autofahrer ein Stück Autobahn und dann die viel befahrene Fernstraße nach Zagreb nicht erspart, doch in *Ivančna Gorica* führt unsere Route auf einer ruhigeren Landstraße weiter in die Landschaft Suha Krajina, die karstige „Trockene Mark". In Ivančna Gorica geht es zu einem der bedeutendsten Kulturdenkmäler Sloweniens, dem *Kloster Stična (Sittich)*. Es wurde 1136 von Zisterziensermönchen gegründet und war durch Jahrhunderte kultureller und wirtschaftlicher Mittelpunkt der Region. Der große Komplex ist teilweise noch von einer Befestigungsmauer umschlossen. Die Klosterkirche, ursprünglich romanisch, wurde gotisch und barock umgebaut. In den Klostergebäuden sollte man sich den Kreuzgang und das Refektorium (Speisesaal) ansehen. (⏰ Führungen Mo–Sa 8–12 und 14–17 Uhr, So 14–17 Uhr.)

Durch das obere Krkatal

Von Ivančna Gorica aus zieht unsere Route nach Süden zum Dorf *Grabovčec,* 36 km, wo eine Straße nach Westen über das Dorf *Krška vas* zur **Krka-Quelle** *(Izvir Krke)* führt. Hier entspringt der Karstfluss Krka (Gurk) in einer Höhle aus einer steilen Felswand als richtiger Fluss.

An der Krka entlang kommt man nach **Žužemberk** *(Seisenberg),* 50 km, mit den Ruinen einer mächtigen Burg aus dem 16. Jh., die einst die Eisenhütten der Umgebung in Zagradec und Dvor schützte. Sie gehörte bis 1945 den Grafen von Auersperg, am Ende des Zweiten Weltkriegs wurde sie zerstört. Mit der Renovierung hat man inzwischen begonnen. Das Tal der Krka wird nun immer enger, doch nach einer Klamm öffnet es sich wieder, nach rechts geht es zum Rheuma-Heilbad *Dolenjske Toplice (Töplitz).*

*Novo Mesto

Die Hauptstadt Unterkrains (Dolenjska) ist Novo Mesto, 74 km, mit rund 22 000 Einwohnern. Der alte Ortskern liegt malerisch auf einer Anhöhe in einer Schlinge der Krka, umgeben von Wohn- und Industrievierteln. Schon in illyrischer Zeit bestand hier eine Siedlung. 1365 verlieh der österreichische Erzherzog Rudolf IV. dem Ort die Stadtrechte und nannte ihn Rudolfswerth – für die Slowenen war und blieb er die „neue Stadt" Novo Mesto.

*In den Windischen Bühlen:
Der Winzer wohnt über seinen Reben*

6

Seite 77

Am *Hauptplatz (Glavni trg)*, der sich von der Krka-Brücke ins Innere der Halbinsel hinzieht, kann man schöne alte Bürgerhäuser sehen. In der Nähe befindet sich das 1470 gegründete *Franziskanerkloster*, seine Kirche hat im 19. Jh. eine eigenartige neugotische Fassade bekommen.

Ganz oben auf dem Hügel erhebt sich die Kapitelkirche *St. Nikolaus (Sveti Miklavž)*. Von außen bietet sie sich rein gotisch dar, das Innere ist barockisiert. Den Hauptaltar schmückt ein Gemälde des St. Nikolaus von Tintoretto.

 Turistično informacijski center, Novi trg 6, 8000 Novo Mesto, ☎ 🖷 0 68/32 25 12.

🚆 Ljubljana-Črnomelj.

 Krka, Novi trg 1, ☎ 32 22 26, 🖷 31 30 00. Am Autobus-Bahnhof. Ⓢ

 Klet pod trško goro, Mačkovec 31, ☎ 2 43 81. Außerhalb der Stadt (3 km nach Norden, an der Krka), eigentlich ein Weinkeller, aber es gibt auch gutes Essen. Ⓢ

*Wasserburg Otočec

Folgt man der entlang der Krka nach Nordosten führenden Hauptstraße, kommt man nach 7 km zur Burg Otočec. Sie liegt auf einer künstlichen Insel der Krka, die durch Ausheben eines zweiten Flussbetts entstanden ist. Die Burg spiegelt sich schon seit dem 13. Jh. im ruhigen Wasser der Krka, sie wurde in der Renaissancezeit und im Barock schlossartig umgebaut. Heute beherbergt sie ein Hotel (s. Kasten).

 AMZ, Grajska cesta 5, 8222 Otočec ob Krki, ☎ 0 68/7 51 20, 🖷 7 52 00.

 Šport, Grajska cesta 2, ☎ 7 57 00, 🖷 7 54 20. Einfaches Garni-Hotel. Ⓢ

⚠ **Otočec,** ☎ 2 19 11, 🖷 2 34 13. Gut ausgestatteter Platz, am Fluss Krka gelegen.

Wohnen wie ein König

Nach dem Zweiten Weltkrieg wurde die Wasserburg Otočec in ein mit alten Möbeln geschmackvoll ausgestattetes Luxushotel umgewandelt. Es gibt hier ein gut geführtes Restaurant, zur Erholung lädt ein Park ein, Reitpferde stehen auch zur Verfügung. (**Grad Otočec,** Grajska cesta 1, ☎ 7 56 99, 🖷 7 54 60. Ⓢ)

Abstecher zum Kloster Pleterje

Von Novo Mesto aus führt eine Nebenstraße nach Osten weiter, am bis zu 1178 m (Trdinov vrh) hohen Bergzug der *Gorjanci* entlang, auf dessen Kamm die Grenze zu Kroatien verläuft. In Šentjernej, 89 km, zweigt eine 3 km lange Straße in das Gorjanci-Gebirge ab zum *Kloster Pleterje*. Hier stand im 10. Jh. die Burg Sicherstein, bis Graf Hermann II. von Cilli im Jahr 1407 den Kartäusermönchen das Kloster stiftete. Es wurde 1471 von den Türken zerstört. In der Zeit der Gegenreformation mussten die Kartäuser den Jesuiten weichen, sie kehrten aber 1899 in einen Neubau zurück. Der Klosterkomplex ist von einer Mauer umgeben.

Da die Mönche in strenger Abgeschiedenheit leben, ist das Kloster nicht zugänglich. Gruppen dürfen die nicht mehr benutzte gotische Kirche der Heiligen Dreifaltigkeit besichtigen, in einem benachbarten Saal wird eine Multivisonsschau gezeigt, die über das Leben der Kartäuser Auskunft gibt.

 In der Schnapsbrennerei des Klosters können **Kräuterliköre** und die berühmte **Pleterska slivovka** (Sliwowitz) probiert und erstanden werden.

Tipp Am Parkplatz des Klosters hat man einige Bauernhäuser aus der Notranjska-Region zu einem **Freilichtmuseum** zusammengestellt.

Das untere Krkatal

** Kostanjevica

7 km östlich von Šentjernej folgt die
Straße nun wieder der gemächlich
dahinfließenden Krka und erreicht
Kostanjevica, 96 km, eine der ältesten
slowenischen Siedlungen und mit 750
Einwohnern die kleinste Stadt des Landes. Sie liegt ebenso wie Novo Mesto in
einer Schlinge der Gurk. Hier stand im
11. Jh. die Burg Landestrost des Kärntner Grafengeschlechts der Spanheimer,
1252 erhielt der Ort als Landstraß vom
späteren König von Böhmen Ottokar II.
die Stadtrechte. Das Städtchen wird
von zwei parallelen Straßen durchzogen, an der engsten Stelle steht die
Pfarrkirche *St. Jakob* (13. Jh.). Das außerhalb gelegene ehemalige Zisterzien-
serkloster, heute *Burg* genannt, hat einen weiträumigen barocken Arkadenhof. Hier befindet sich auch das
Freilichtmuseum *Forma viva* (s. auch
S. 70), das hauptsächlich zeitgenössische Holzskulpturen zeigt.

*Weitab von der Hauptstraße sind
noch einsame Gehöfte verstreut*

*Trotz der Modernisierung: alte
Getreidemühle im Tal der Krka*

Čateške Toplice

Unsere Route geht nun auf dem linken
Ufer der Krka weiter und erreicht bei
Čatež die Mündung des Flusses in die
Save. Hier liegt das Thermalbad
Čateške Toplice, das sich vor allem bei
rheumatischen Erkrankungen bewährt
hat und eine große Kuranlage besitzt,
darunter eine „Warmwasser-
landschaft" zum Austoben.

 Terme Čatež, To-
pliška cesta 35,
8250 Brežice,
☎ 06 08/3 50 00, 🖷 6 27 21.
Sehr gut ausgestattetes Haus
mit Bungalows. Ⓢ⟩⟩

Einkehr beim Weinbauern

Das Savetal

Folgt man der Save nach
Südosten, kommt man zur
Burg Mokrice *(Mokritz)*, die
im 16. Jh. auf mittelalterlichen Grundmauern errichtet wurde.

*Barocke Fresken schmücken den
Rittersaal von Schloss Brežice*

3 km weiter ist die Grenze nach Kroatien erreicht; von hier sind es noch rund 25 km bis Zagreb, der Hauptstadt des Nachbarstaats.

 Grad Mokrice, 8261 Jesenice na Dolenjskem, ☎ 06 08/ 3 59 00, 📠 6 27 21. Das in einem Park gelegene Schlosshotel hat Zimmer mit allem Komfort. ⑤⟩⟩

Die Route geht nun saveaufwärts nach **Brežice,** 125 km, das auf einer Terrasse oberhalb der Save liegt. Das alte Rann war Grenzfestung zuerst gegen die Ungarn, später gegen die Türken. Das mittelalterliche Stadtbild ist hier noch gut erhalten, sehenswert ist auch das Schloss (16. Jh.) mit dem Rittersaal, der mit barocken Fresken geschmückt ist, und dem ebenfalls sehr schön ausgemalten Treppenhaus. Das Schloss beherbergt ein Regionalmuseum.

Tipp. Wenn man schon so weit im Südosten Sloweniens gelandet ist, lohnt sich ein Abstecher in das nur 35 km entfernte **Zagreb.** Die Hauptstadt Kroatiens vereint altmodischen Charme mit quicklebendiger Jugendlichkeit.

Das Sotlatal

Von Brežice fährt man nun nordwärts weiter hinein ins Tal der *Sotla,* die von ihrer Mündung in die Save an die Grenze zu Kroatien bildet und von den Kroaten Sutla genannt wird. Auf slowenischer Seite heißt das bis zu etwas über 700 m hohe Hügelland *Kozjansko,* benannt nach dem Marktflecken Kozje.

Bizeljsko

In der Umgebung von Bizeljsko, 142 km, findet man üppige Obstgärten und Weinberge, hier wird ein ausgezeichneter Roséwein gekeltert. Schloss Bizeljsko aus dem 16. Jh. war im Besitz der Grafen Tattenbach und der Fürsten Windischgraetz, es wurde vergebens von Türken belagert und später von aufständischen Bauern geplündert. In den Gewölben ist ein Weinkeller untergebracht.

Kozjanski park

Hier beginnt das Landschaftsschutzgebiet Kozjanski park *(Spominski park Trebče),* der 1981 als Gedenkpark eingerichtet wurde. Er umfasste vor 1991 auch das kroatische Gebiet um das Dorf Kumrovec, den Geburtsort des jugoslawischen Partisanen-Marschalls Josip Broz-Tito (1892–1980). Man hat hier Bauernhäuser und Dorfkirchen restauriert, Wanderwege ausgebaut, Gedenkstätten für die Opfer des Partisanenkriegs errichtet. In den Dörfern ist noch das Handwerk der Töpfer, Schäffler und Korbmacher lebendig. Vielerorts werden Privatzimmer vermietet.

 Gostišče Trebče, Trebče 49, 3256 Bistrica ob Sotli, ☎ 0 63/80 62 02. Modernes Motel mit Restaurant im Stil eines alten Dorfgasthauses. ⑤

Abstecher

Im Tal der Bistrica (Abzweig von der Hauptroute in Bistrica ob Sloti) ist der Ort **Podsreda** besuchenswert. Seine *Burg* wurde renoviert und beherbergt heute ein Glasmuseum. Im Dorf wurde das ehemalige *Haus des Kaplans* 1996 zu einem „Haus der bayerisch-slowenischen Freundschaft" mit einem Ausstellungsraum ausgebaut.

Podčetrtek und Atomske Toplice

Auf der slowenischen Seite der Sotla kommt man nach *Podčetrtek,* 166 km. Der slowenische Name des Dorfs leitet sich von Donnerstag (četrtek) ab, dem Markt- und Gerichtstag, der deutsche Name Windischlandsberg von Schloss Landsberg, dessen Ruinen hoch über dem Dorf stehen.

In unmittelbarer Nachbarschaft des Dorfs Podčetrtek befindet sich das jüngste Heilbad Sloweniens, *Atomske Toplice,* so genannt, weil man hier eine leicht radioaktive Thermalquelle entdeckt hat. Das Wasser sprudelt mit einer Temperatur von bis zu 37 °C aus einer Tiefe von 500 m, es hilft bei Hautkrankheiten, Rheuma und Wundschmerzen. Der Kurort ist mit mehreren Badeanlagen gut ausgestattet.

 Zdravilišče Atomske Toplice, 3254 Podčetrtek, ☎ 0 63/ 82 90 00, 🖷 82 90 24.

 Atomske Toplice, ☎/🖷 wie oben. Komfortables Hotel mit Appartements. Ⓢ))

Schloss Olimje

Fährt man von Podčetrtek 3 km das Tal des Bachs Sobota hinauf, kommt man zum Dorf *Sobote,* über dem das *Schloss Olimje* steht. Der Renaissancebau (1550) mit der auffallenden schwarzweiß gestalteten Fassade wurde von den Grafen Tattenbach errichtet; die Paulinermönche, die das Schloss im Jahr 1663 als Kloster übernahmen, fügten eine Kirche an.

1765 richteten die Fratres im Südturm eine Apotheke ein, die mit Malereien geschmückt ist: Zu sehen sind der griechische Gott Äskulap, der antike Arzt Galenus und dessen Kollege Paracelsus, der im 16. Jh. Sprechstunden hatte.

Zwei Wallfahrtsorte

Ehe man zum nächsten der hier so zahlreichen Heilbäder, Rogaška Slatina, kommt, kann man etwa 10 km nach Podčetrtek 5 km weit nach links abbiegen zum Wallfahrtsort **Šmarje pri Jelšah,** einem schönen Beispiel slowenischer Volksfrömmigkeit: Von der Pfarrkirche der Jungfrau Maria (die dem Ort den Namen gegeben hat) geht ein Kreuzweg mit 14 Kapellen hinauf zur ** Wallfahrtskirche St. Rochus,* die 1738 mit üppiger Rokokoausstattung versehen wurde; sie wird deshalb manchmal mit der bayerischen Rokokokirche in der Wies verglichen.

Von Šmarje führt die von Rogaška Slatina herkommende Straße weiter nach

Über dem Sotlatal steht Schloss Olimje mit der Paulinerkirche

Wacht über die Rezepte: Galenus in der Klosterapotheke Olimje

Seite 77

Zur Kirche von Šmarje führt ein Kreuzweg mit 14 Kapellen hinauf

Celje (22 km; s. S. 74). Bei *Mestnine* zweigt eine schmale Straße hinauf zu einem anderen Wallfahrtsort ab, nach ** **Sladka Gora,** dem „süßen Berg". Die Marienkirche ist nach Ansicht vieler Kunsthistoriker das wichtigste ganzheitliche Barockdenkmal in Slowenien. Sie wurde in den Jahren von 1744 bis 1754 erbaut, hinter der verspielten Fassade verbirgt sich ein einschiffiger Zentralbau mit prächtiger Ausstattung. Unweit von hier erhebt sich der 979 m hohe Aussichtsberg *Boč* mit einem Fernsehturm.

*Rogaška Slatina

Die Abzweigung von Mestine führt nach Osten zum größten und modernsten Heilbad Sloweniens, Rogaška Slatina, 183 km. Das frühere Rohitsch-Sauerbrunn liegt zwischen den Rebhügeln eines geschützten, nach Süden hin offenen Tals. Mildes Klima, das mit dem von Meran vergleichbar ist, gepflegte Promenaden, Parks, moderne Badeanlagen und Trinkhallen sorgen für einen angenehmen Kuraufenthalt. Die Heilkraft der Quellen war schon im Mittelalter bekannt, sie beruht auf dem hohen Gehalt an Magnesium. Hotels und das Kurhaus entstanden im Lauf des 19. und 20. Jhs. Rogaška Slatina hat gleich drei berühmte, kalte, kohlensäurehaltige, alkalisch-salinische Quellen:

Wie in alten Zeiten

Östlich von Rogaška Slatina liegt an der kroatischen Grenze das Dorf *Rogatec,* wo ein interessantes **Bauernhofmuseum** *(Spominski park)* zu sehen ist. Hier wurden alte Bauernhäuser, Stallungen und andere Wirtschaftsbauten, darunter die Kozolec genannten Heuharfen, aus dem ganzen Land wieder errichtet und mit Hausrat und Geräten ausgestattet, sodass ein rundes Bild vom bäuerlichen Leben vor der Industrialisierung entsteht.

Die Tempel-Quelle wird vor allem als Tafelwasser genutzt, die Quellen Styria und Donat zu Trinkkuren bei Leber-, Gallen- und Nierenleiden. Der Kurort verfügt über reichliche Sportmöglichkeiten.

 TIC (Turistično informacijski center), Zdraviliški trg 14, 3250 Rogaška Slatina, ☎ 0 63/8 11 60 00, 🖶 8 11 57 30. Auskünfte zu Hotels, Freizeit- und Sportangeboten.

🚌 Celje, Brežice.

 Donat, Zdraviliški trg 10, ☎ 8 11 30 00, 🖶 8 11 37 32. Kurhotel der Luxusklasse beim Kurhaus mit allen Einrichtungen und Dienstleistungen. Ⓢ)))
Sava, Celjska cesta 1, ☎ 8 11 40 00, 🖶 8 11 47 32. Modernes Kurhotel mit gutem Restaurant. Ⓢ)
Slovenija, Zdraviliški trg, ☎ 8 11 50 00, 🖶 8 11 57 32. Ebenfalls zentral gelegenes, gut ausgestattetes Haus. Ⓢ)
Styria, Zdraviliški trg 14, ☎ 8 11 20 00, 🖶 8 11 27 11. Empfehlenswertes Mittelklassehotel. Ⓢ)
Prigorje, Partizanska cesta 5, ☎/🖶 81 38 99. Etwas abseits vom Rummel, gutes Mittelklassehotel. Ⓢ)

 Steklarska šola, (Glasmacherschule), Steklarska 1, ☎ 81 49 11. Kostbarkeiten aus Glas: Vasen, Trinkgläser, Schalen, Lampen. Verkaufsausstellung.

Das Hügelland Haloze

Die Fahrt geht nun durch das Hügelland Haloze, dessen Höhen die Grenze zu Kroatien bilden. In den Haloze gibt es ausgedehnte Weinberge, in denen die Klopotec genannten Windräder (s. S. 83) klappern. Wanderwege durchziehen das Gebiet zur Drau hin.

Die Marienkirche ** Ptujska Gora

Über dem Tal der Dravinja, eines Nebenflusses der Drau, erhebt sich auf einem Hügel mit herrlicher Aussicht auf das Ptujsko polje, das Pettauer Feld, die Wallfahrtskirche von Ptujska Gora *(Maria Neustift).* Die Marienkirche ist eines der großen Kunstwerke Sloweniens. Die Bauzeit dauerte von 1398 bis 1410. Der Architekt und die Steinmetzen kamen aus Prag, wo sie unter dem berühmten Peter Parler am Bau des Veitsdoms mitgewirkt hatten. Das Mittelschiff ist erhöht und breiter als die

Der meistbesuchte Wallfahrtsort Sloweniens ist Sladka Gora

beiden mit Kreuzrippen überwölbten Seitenschiffe. Um das Jahr 1400 entstand der sogenannte Altar von Cilli mit einem Baldachin, am Loretto-Altar steht eine Statue des heiligen Jakobus mit schwer fallenden gotischen Gewandfalten. Um 1400 entstand die ** *Schutzmantelmadonna,* ein Relief, das ursprünglich als Tympanon das Hauptportal schmückte, später aber in den barocken Hauptaltar eingefasst wurde. In der Mitte sieht man Maria mit dem Jesuskind, zwei Engel tragen die Krone über dem Kopf der Gottesmutter, sieben Engel ihren weiten Mantel, unter dem ca. 80 Personen kniend die Madonna anbeten.

Gebet unter dem Mantel der Gottesmutter von Ptujska Gora

* Schloss Štatenberg

Westlich von Ptujska Gora erhebt sich ebenfalls über dem Tal der Dravinja und über dem Pettauer Feld das *Schloss Majšperk* und 10 km weiter im Westen *Schloss Štatenberg.* Die barocke Anlage wurde von 1720 bis 1740 vom italienischen Architekten Comesini für die Herren von Attems gebaut. Die Gebäude sind um einen Mittelhof angeordnet, über eine Prunktreppe kommt man im Hauptgebäude in den Rittersaal und zu weiteren fünf Sälen, die reich verziert und mit barocken Kachelöfen und schönen Möbeln ausgestattet sind.

Von Ptujska Gora aus geht die Fahrt hinunter ins *Ptujsko polje,* das fruchtbare Pettauer Feld. Bei *Zgornja Hajdina* geht es rechts zur Drau hin und nach ** *Ptuj,* 227 km (s. S. 78).

Eine Kette von Bädern

6

Seite 77

In Ostslowenien reihen sich Kurorte und Heilbäder wie eine Kette aneinander. Das Gebiet gehört zu einem an Thermal- und Mineralquellen reichen Gürtel, der sich vom Osten der österreichischen Steiermark bis in den Norden Kroatiens ausdehnt. Hier stoßen zwei Bereiche der Erdkruste zusammen, die Schollen der Alpenausläufer und des Pannonischen Beckens, hier ist es zu Brüchen und Verwerfungen der Erdrinde gekommen. In einer solchen tektonisch, seismisch und vulkanisch labilen Zone kommt heißes Wasser aus tieferen Schichten von selbst oder bei Bohrungen an die Oberfläche und viele Quellen sind reich an gelösten heilsamen Mineralstoffen.

Praktische Hinweise von A–Z

Ärztliche Versorgung

Die medizinische Versorgung in Slowenien entspricht dem mitteleuropäischen Standard. Krankenhaus heißt *bolnica,* Notaufnahme *zdravniška dežurna služba,* in vielen kleineren Orten gibt es eine Ambulanz *(ambulanta),* dazu kommen privat ordinierende Ärzte *(zdravnik, doktor).* Die meisten Ärzte sprechen Deutsch oder Englisch. Medikamente und ähnliches erhält man in der Apotheke *(lekarna).*

Zwischen Deutschland und Österreich einerseits und Slowenien andererseits bestehen Abkommen über soziale Sicherheit, nach denen Versicherte der gesetzlichen Krankenkassen unentgeltliche Behandlung erhalten (Auskunft bei den Krankenkassen). Privatversicherte und Touristen aus Ländern, die keine entsprechende Konvention mit Slowenien abgeschlossen haben, müssen die Arzt- und Krankenhauskosten selbst bezahlen, weshalb sich der Abschluss einer befristeten Auslands-Krankenversicherung empfiehlt.

Devisenbestimmungen

Bei der Ein- und Ausreise dürfen ausländische Zahlungsmittel (Bargeld, Schecks, Reiseschecks, Eurocheques usw.) in beliebiger Höhe mitgeführt werden. Die Ein- und Ausfuhr von slowenischen Zahlungsmitteln ist auf einen Gegenwert von 1000 DM beschränkt.

Diplomatische Vertretungen

Deutsche Botschaft: 1000 Ljubljana, Prešernova 27, ☎ 0 61/179 03 00, 📠 1 25 42 10.

Österreichische Botschaft: 1000 Ljubljana, Dunajska cesta 51, ☎ 0 61/21 34 36, 📠 22 17 17.

Schweizer Botschaft: 1000 Ljubljana, Šmartinska 130, ☎ 0 61/1 40 52 31, 📠 1 40 11 54.

Slowenische Botschaft in Deutschland: Siegfriedstraße 28, 53179 Bonn, ☎ 02 28/85 80 31, 📠 85 80 57.

Generalkonsulat in München: Lindwurmstraße 10, 80045 München, ☎ 0 89/5 43 98 19, 📠 5 43 94 83.

Slowenische Botschaft in Österreich: Nibelungengasse 13, 1010 Wien, ☎ 01/5 86 13 07, 📠 5 86 12 65.

Generalkonsulat in Klagenfurt: Radetzkystraße 26, 9020 Klagenfurt, ☎ 04/6 35 46 05, 📠 63 50 95 62.

Slowenische Botschaft in der Schweiz: Schwanengasse 9/II, 3011 Bern, ☎ 0 31/3 12 44 18, 📠 3 12 44 14.

Einkauf

 Außer den üblichen Erzeugnissen der Souvenir-Industrie im „alpenländischen Stil" kann man in Slowenien schöne Reiseandenken einkaufen: Klöppelspitzen aus Idrija, Leinen aus der Bela Krajina, Holzwaren und Schnitzereien aus Ribnica und Goldschmuck aus Celje.

Einreise

Deutsche, Österreicher und Schweizer benötigen für die Einreise nach Slowenien bei einem Aufenthalt bis zu drei Monaten einen Reisepass. Man kann auch mit dem Personalausweis einreisen, dann aber nur für einen Monat.

Autofahrer müssen den (nationalen) Führerschein vorweisen, Deutsche und Österreicher brauchen keine grüne internationale Versicherungskarte.

Elektrizität

Die Netzspannung beträgt in Slowenien überall 220 Volt. Für Steckdosen ist kein Adapter nötig.

Feiertage

1. und 2. Januar (Neujahr), 8. Februar (Kulturfeiertag „Prešerentag"), 27. April (Tag des Widerstands 1941), Ostermontag, 1. und 2. Mai (Tag der Arbeit), 25. Juni (Staatsfeiertag), 15. August (Mariä Himmelfahrt), 31. Oktober (Reformationstag), 1. November (Allerheiligen), 25. Dezember (Weihnachten), 26. Dezember (Weihnachten und Unabhängigkeitstag).

Geld und Währung

Als Währungseinheit gilt in Slowenien der Tolar (SIT) zu 100 Stotin. Derzeit bekommt man für 1 DM rund 96 SIT, für 100 öS 1360 SIT und für 1 sfr 114 SIT. Den günstigsten Kurs beim Geldwechsel erzielt man im Land, bei privaten Wechselstuben günstiger als bei Banken. Bank heißt slowenisch *banka,* Wechselstube *menjalnica.*

Mit der EC-Karte kann man in Städten und in Fremdenverkehrszentren an Geldautomaten Bargeld abheben. Kreditkarten werden in Hotels, Restaurants, bei Autovermietern und meist auch in kleineren Geschäften akzeptiert. Reise- und Euroschecks, letztere bis zu 20 000 SIT, werden nur von Banken und Wechselstuben angenommen.

Bei Postämtern kann man auch Geld von deutschen und österreichischen Postsparbüchern in Landeswährung abheben.

Haustiere

Hunde und Katzen sowie andere Haustiere können nur mit einem amtstierärztlichen Gesundheitszeugnis (nicht älter als 10 Tage) und einem Tollwut-Impfzeugnis (mindestens 30 Tage, höchstens 6 Monate alt) eingeführt werden.

Information

 Slowenisches Fremdenverkehrsamt, Maximiliansplatz 12 a, 80333 München, ☎ 0 89/29 16 12 02; 🖷 29 16 12 73. Slowenisches Tourismusbüro, Hilton Center, Landstraßer Hauptstr. 2, 1030 Wien, ☎ 01/7 15 40 10, 🖷 713 81 77; Slowenisches Fremdenverkehrsbüro, Löwenstraße 64, 8001 Zürich, ☎ 0 41/12 12 63 94, 🖷 12 12 52 66.

In Slowenien erhält man Auskünfte von den Touristen-Informationszentren *(turistično informacijski center)* und Touristik-Vereinigungen *(turistično društvo)* der jeweiligen Orte.

Kuren

Slowenien hat 16 Heil- und Thermalbäder, die Kuraufenthalte für verschiedene Leiden bieten. Deutsche und österreichische Krankenkassen zahlen neben den medizinischen Leistungen auch Zuschüsse zu den übrigen Kurkosten. Auskünfte erteilen die Geschäftsstellen der Kassen.

Maßeinheiten

In Slowenien gilt das metrische System. Getränke und Speisen in kleineren Mengen werden dezi- und dekaweise verkauft: Ein Dezi *(deci)* Wein ist ein Gläschen mit 0,1 Liter, fünf Deka Wurst sind 50 Gramm.

Notruf

Polizei *(policija)* ☎ 113, Feuerwehr *(gasilci)* ☎ 112, Erste Hilfe *(prva pomoč)* ☎ 112, Slowenischer Automobilklub AMZS (Auto-moto zveza Slovenije) ☎ 9 87.

Öffnungszeiten

Geschäfte sind an Wochentagen meist von 7 oder 8 bis 19 Uhr, Sa von 7.30 bis 13 Uhr geöffnet. Einige Läden, besonders in Fremdenverkehrsorten, haben längere Öffnungszeiten (zusätzlich Samstagnachmittag und Sonntagvormittag). Kaufhäuser haben durchgehend geöffnet, einige Läden schließen über Mittag.

Banken sind von Mo–Fr von 8 bis 12.30 Uhr und von 14–16.30 Uhr, Sa von 8 bis 11 oder 12 Uhr geöffnet, Behörden Mo–Fr von 8–16 Uhr.

Museen sind meist Di–Sa von 8 oder 10 Uhr bis 18 Uhr geöffnet, So von 10 bis 13 Uhr.

Post

Die Postämter (PTT – pošta, telefon, telegraf) sind werktags von 8–18 Uhr, Sa von 8–12 Uhr geöffnet. In größeren Städten haben bestimmte Postämter auch abends und an Sonntagen Schalterstunden. Eine Postkarte ins Ausland muss mit Briefmarken *(znamka)* im Wert von 80 Tolar frankiert werden, ein Brief mit 90 Tolar. Briefmarken erhält man außer bei Postämtern auch bei Zeitungskiosken (Aufschrift „Delo") und Tabakkiosken (Aufschrift „Tobak"). Briefkästen sind an der gelben Farbe erkennbar.

Radio

Nachrichten in Deutsch und Englisch sendet der slowenische Rundfunk im 1. Programm (Mittelwelle 326,8 m, 918 kHz; UKW z.B. 88,5, 90,0, 91,8, 94,1) täglich um 22.30 Uhr. Touristische Informationen (Nachrichten, Wetter- und Verkehrsberichte) in Deutsch, Englisch und Italienisch kann man täglich vom 1. Juli bis zum 31. August außer sonntags ab 9.35 Uhr, einen Urlaubswetterbericht täglich vom 1. Juli bis zum 31. August um 7.15 Uhr im 1. und 2. Programm (UKW z.B. 87,8; 92,4) empfangen.

Spielkasinos

In Slowenien gibt es zehn Spielkasinos: Portorož, Lipica, Nova Gorica, Rogaška Slatina, Kranjska Gora, Tolmin, Bled, Maribor, Ljubljana und Otočec.

Telefon

Telefongespräche innerhalb Sloweniens und ins Ausland kann man von Postämtern und öffentlichen Fernsprechzellen aus führen. Telefonmünzen *(žetoni)* werden in Postämtern und Zeitungskiosken (Aufschrift „Delo"), Telefonkarten *(telefonske karte)* in Postämtern verkauft. Telefonieren vom

Hotel aus ist relativ teuer. Man kann in Slowenien auch mit Mobiltelefonen Ferngespräche führen.

Die Vorwahlnummer für Deutschland ist 00 49, für Österreich 00 43, für die Schweiz 00 41. Teilnehmer in Slowenien erreicht man vom Ausland aus unter der Vorwahlnummer 0 03 86. Telefonauskunft erhält man unter der Nummer 988.

Trinkgeld

In Hotels und Restaurants ist das Bedienungsgeld im Rechnungsbetrag enthalten. Üblich ist ein Trinkgeld von zehn Prozent bei Kellnern, Taxifahrern, Gepäckträgern, Zimmermädchen und Tankwarten.

Zeit

Es gilt die MEZ, im Sommerhalbjahr wie bei uns die Sommerzeit.

Zeitungen

Die wichtigsten ausländischen Zeitungen und Zeitschriften kann man in größeren Orten an Kiosken und in speziellen Zeitungsläden sowie an Hotelrezeptionen kaufen.

Zollbestimmungen

Für ausländische Feriengäste ist das Zollverfahren bei Ein- und Ausreise auf das Notwendigste beschränkt. Bei der Einfuhr von Zigaretten und Alkoholika gelten folgende Grenzmengen: 200 Zigaretten oder 50 Zigarren, 1 l Wein, 0,75 l Spirituosen. Geschenke ab einem Wert von 100 DM müssen verzollt werden. Antiquitäten, Kunstgegenstände und andere Dinge von kulturellem Wert dürfen nur mit schriftlicher Genehmigung der Behörden ausgeführt werden.

Zollfrei einkaufen

An Grenzübergängen, in Flug- und Jachthäfen und in vielen Urlaubsorten gibt es Duty-free-Shops, in denen man mit Devisen bezahlt.

Register

Orts- und Sachregister

Adelsberger Grotte 56 f.
Alpinum Juliana 61
Ankaran 68
Arja vas 75
Atomske Toplice 89

Bad Radkersburg, Österreich 83
Bela Krajina 9
Bistra 16
Bizeljsko 88
Bled 20, 47
Blejsko jezero 46 ff.
Bogojina 82
Bohinj 20, 25, 50 ff.
Bohinjska Bistrica 50
Bohinjsko jezero 11, 50
Bovec 24, 62
Brežice 88

Celje 11, 16, 74
Ciprnik, Berg 60

Čateške Toplice 87
Črna Vas 36
Črni Kal 66

Divača 64
Dolenjska 9
Dolenjske Toplice 84
Domžale 77
Dornava 80
Dragonja 8
Drau (Drava) 10, 24, 73, 78, 79, 80, 81, 82, 90, 91
Dravinja 74, 90, 91
Dravograd 40

Golte 25, 76
Gorenjska 8
Gorizia 64
Gorjanci-Gebirge 86
Gornja Radgona 83
Gozd Martuljek 60
Gurk s. Krka

Haloze-Berge 90, 91
Heuharfe 18, 90
Hrastovec, Burg 83
Hrastovlje 67

Idrijca 24
Ilirska Bistrica 58
Isonzo s. Soča
Izola (Isola) 24, 68

Jeruzalem 81
Jesenice 11, 46

Julische Alpen 9, 10, 23, 41, 60

Kamnik 78
Kamniška Bistrica 78
Karawanken 8, 46
Karst 10, 54, 55, 64
Klopotec 81, 90
Kobarid 24, 62
Kolpa 24
Koper (Capodistria) 11, 24, 67 f.
Koritnica-Schlucht 61
Koroška 9
Kostanjevica 16, 87
Kozolec 18, 90
Kranj 11, 24, 52
Kranjska Gora 24, 25, 60
Krka (Gurk) 10, 23, 24, 84, 86, 87
Krka-Quelle 84
Kropa 52
Krvavec 25
Kumrovec 88

Laibacher Moor 54
Laško 74
Lenart 83
Lesce 46
Lipica 24, 64
Ljubljana 14, 16, 20, 29 ff.
– Dom St. Nikolaus 30
– Kongresni trg 34
– Levstikov trg 32
– Ljubljanski grad 31
– Moderna Galerija 35
– Narodna Galerija 35
– Nationalbibliothek 32
– Nationalmuseum 35
– Prešernov trg 30
– Rathaus 30
– Schusterbrücke 32
– Trg francoske revolucije 32
– Tromostovje 34
– Vodnikov trg 31
Ljubljanica 29, 54, 56
Ljubno 76
Log pod Mangartom 61
Logartal 76
Logatec 54
Luče 76
Lucija (Lucia) 70

Majšperk, Schloss 91
Mangart-Hochalpenstraße 61
Maribor 37 ff.
– Alte Draubrücke 38
– Gerichtsturm 38
– Glavni trg 38
– Grajski trg 39
– Slomškov trg 38
– Trg svobode 39
– Wasserturm 38

Martjanci 82
Matavun 66
Matulji 58
Mengeš 78
Mestnine 90
Mihalovci 81
Mojstrana (Meistern) 59
Most na Soči 62
Mozirje 76
Mur (Mura) 10, 11, 24, 81, 82, 83
Murska Sobota 82

Na Logu 61
Notranjska 9, 54
Nova Gorica 24, 63
Novo Mesto 84

Okrešelj 76
Opatija 58
Ormož 80
Otočec, Burg 86

Pilštanj 88
Piran/Pirano 20, 24, 70 ff.
Pivka, Fluss 56, 58
Pivka, Ort 58
Planinsko polje 54
Pleterje, Kloster 16, 86
Podčetrtek 88
Podnanos 64
Podsreda, Burg 88
Pohorje-Gebirge 25, 37, 40, 72, 73
Portorož 20, 24, 69
Postojna 55
Predjama 57
Predjamski grad 57
Prekmurje 9, 82
Primorje (Primorska) 9
Ptuj 16, 20, 78 ff.
Ptujska Gora 16, 90

Radenci 82
Radomerje 82
Radovljica 20, 51
Radovna 23
Rateče 60
Reka 58, 66
Ribčev Laz 50
Rijeka, Kroatien 58
Rimske Toplice 75
Rogaška Slatina 20, 90
Rogatec 90
Ruše 40

St. Kanzian, Höhlen 66
Sann s. Savinja
Sanneck, Burg 76
Sanntaler Alpen 9, 23, 76
Sava Bohinjka 23
Save (Sava) 9, 10, 24, 41, 75, 87 f.
Savinja (Sann) 11, 74, 75, 76
Senozeče 64

REGISTER

Sladka Gora 89
Slap Rinka, Wasserfall 76
Slovenj Gradec 11, 24, 40
Slovenska Bistrica 73
Slovenske gorice 37, 72, 78, 80
Slovenske Konjice 40, 74
Slowenische Weinstraße 78, 81
Sobote 89
Soča (Isonzo) 10, 23, 24, 41, 61, 62, 63, 64
Soča-Klamm 61
Soča-Quelle 61
Socerb 66
Solčava 76
Sotla 88
Spielfeld 72
Spominski park Trebče 88
Spuhlja 80
Srednja vas 50
Srednji vrh 60
Stara Fužina 50
Steiner Alpen 9, 23, 78
Stična, Kloster 16, 84
Straža 25
Strunjan (Strugnano) 69
Studor 50
Suha Krajina (Trockene Mark) 9, 84
Sveta Gora 63

Šempeter 16, 75
Šentilj 72
Škocjanske jame 66
Škofja Loka 52
Šmarje pri Jelšah 89
Šmarna gora 36
Štajerska 9
Štanjel 64
Štatenberg, Schloss 91

Tolmin 62
Triest, Italien 65
Triglav 9
Triglav-Nationalpark 41 ff., 60 ff.
Trzin 78

Ukanc 20
Unec 23
Unica 56
Uskoken-Gebirge 86

Velika nedelja 80
Vintgar-Klamm 46
Vipava 64
Vitranc, Berg 60
Vrhnika 54
Vršič-Passstraße 60

Wochein 50

Zatrnik 25
Zgornja Hajdina 91
Zidani most 75
Zirknitzer See 54
Zlatorog 41, 44

Žale, Friedhof 34, 36
Žalec 75
Žiče 16
Žužemberk 84

Personenregister

Alexander, König 15
Aquila, Johann 82
Attila 70
Augustus 14
Ažbè, Anton 19

Belar, Albin 41
Bradl, Sepp 25

Cankar, Ivan 20, 35
Cilli (Celje), Grafen von 13, 73, 74, 76, 91

Čeč, Luka 56

Dalmatin, Jurij 19
dell'Allio, Domenico 38

Franz Joseph, Kaiser 35

Gruber, Gabriel 32

Heinrich II., Kaiser 47

Jurčič, Josip 20
Jančar, Drago 20

Karl der Große, Kaiser 14
Karl, Erzherzog 64
Karl X., König 63
Kocbek, Edvard 20
Kosovel, Srečko 20
Kučan, Milan 13

Linhart, Anton 20
Lueg, Erasmus von 58

Marcus Aurelius Verus 80
Matthias Corvinus, König 82
Maximilian, Erzherzog 66

Napoleon 14, 70

Otto II., Kaiser 14, 52
Ottokar II., König 87

Pandur, Tomaž 20, 38
Plečnik, Jože 16, 30, 32, 34, 35, 36, 78, 82
Prešeren, France 20, 30

Rikli, Arnold 47
Robba, Francesco 30
Rudolf IV., Erzherzog 84

Seume, Johann Gottfried 56
Sigismund 73
Slomšek, Anton Martin 38
Straub, Joseph 38
Stritar, Josip 20

Šubič, Vladimir 35

Tartini, Giovanni 71
Tito, Josip Broz 15, 48, 88
Trubar, Primož 19

Ulrich II. 73

Valvasor, Johann Weichard 25
Vespasian, Kaiser 79
Vodnik, Valentin 20

Zajc, Ivan 30
Župančič, Oton 20

Bildnachweis

Alle Fotos Ralf Freyer außer Archiv für Kunst und Geschichte, Berlin: 15/2; edition Vasco/Wolfgang Seitz: 47/1, 65/2, 67/1; Rainer Hackenberg: 25/3, 45/2; Volkmar Janicke: 35/1, 37/1–2, 41/1, 45/3, 59/3, 61/3, 69; Gerold Jung: 65/3–4; Friedrich Köthe: 55/1, 67/2; Mountain Pictures/Birgit Chlupaček: 81/3, 83, 85, 87/1–3, 91/2; Mountain Pictures/ F. Zidar: 81/2, 87/2, 87/4, 89/2–3, 91/1; Gerald Nowak: 1, 6, Umschlag hinten (Bild 1),9/1, 11/1, 19/3, 23/1+3, 25/1–2, 41/2–3, 43, 51/1, 53, 61/1–2, 63/1–2; Slowenisches Fremdenverkehrsamt: 89/1; Slowenisches Fremdenverkehrsamt/ Znidaršič: 7/2; Ullstein Bilderdienst/Presseargentur Spiegl: 15/3; Mauritius/Vidler: Umschlag (Bild); Eric Bach Superbild/Bernd Ducke: Umschlag (Flagge).